U0053576

Kiri 的
東瀛文化
觀察手帳

推薦序 1

吳偉明（香港中文大學日本研究系教授）

　　如果要帶一本書去日本旅行，我會推薦 Kiri 的《Kiri 的東瀛文化觀察手帳》。其內容生動貼地，排版靈活可觀，透過小故事及小知識帶你進入似近還遠的東瀛社會。

推薦序2

等了又等，終於等到 Kiri さん出書了！

其實我也認識了 Kiri さん一段日子，如何認識我也不記得了，因為真的很久啦。她給我的印象嘛⋯⋯就是非常之不一般的香港女生，很文青、很知性、很有個性，總之就不是大家印象中的港女啦。可能因為大家都喜歡日本，也喜歡研究日本文化，所以跟她也是蠻「啱傾」的，也跟她一起去過日本旅行數次，果然我們是天南地北、無所不談的好旅伴呢。

這位不一樣的香港女生，筆下的日本也同樣是不一樣的日本，以日文老師的角度、以日本文化研究者的角度去看的日本，的確跟一般大眾眼中的日本完全不同，她尤其對一些小細節或一些文字上的小轉變特別留意，也跟我眼中的日本完全不同的呢，因為我的眼中其實也只有アイドル，哈哈。

有點說遠了，其實我想說的是，如果你跟我以及跟 Kiri さん一樣，真心喜愛日本也真心打算深入了解日本的真正文化，Kiriさん的這本新書，一定要看，信我，絕對是信心保證。

推薦序 3

盤菜瑩子

　　第一次隨旅行團到東京旅行，導遊教團友如何「攻略」迪士尼時，我已覺得旅行是香港人抱着人有我有的心態，所進行的例行公事。甚至開始覺得旅行是香港人與身邊的親友、同事，甚至完全不認識的網友比較的項目。鬥去了多少景點，鬥吃了多少間旅遊書推介的餐廳，鬥住最便宜或最貴的酒店。

　　現今的網絡世界，大家的目光都停留在不知真偽的內容農場、重量不重質的餐廳推介、人多得令人興致全消的活動介紹。大家所需要的是流於表面的享受。

　　Kiri 她人好，在網上很用心為大家計算好到某個日本城市旅遊的車資，教你怎樣買到好東西，介紹好吃的小食和餐廳，推介優質安全的住宿，她所寫的每篇介紹絕對能滿足你的需要。

　　可是，在你跟隨她的步伐，依照她精心為你安排行程去遊玩時，你不想知道她在此地的見聞，讓她聯想到甚麼，學習到甚麼，從而對日本浮現出甚麼新想法嗎？

在網上，篇幅有限或許難以完全抒發她心中對日本的情，可是在書中，她就可以與同道中人及虛心學習的人滔滔不絕分享她的感受。

對我而言，Kiri さん是我其中一個學習目標。而她發自內心的喜歡分享和全心全意邊體驗邊享受自己設計的旅程，讓她成為我非常羨慕的對象。

推薦序 4

SOKO 和泉素行

我對 Kiri さん的第一個印象，可能跟好多人見到她時都一樣：好元氣、可愛、活潑，又熱愛日本文化，走 Lolita Fashion 的女子。整天面帶笑容，散發出陽光般的活力。

我尤其欣賞她的聲線，因爲我覺得聲音是人向外界、社會發出要求、主張等各種訊息的最基本溝通渠道，所以，一個人發出的聲音深處，往往隱藏着那個人對人生的態度、看法等，多多少少會反映出關於那個人的性格。

Kiri さん的聲音一如她的外表，散發出的魅力一樣好元氣，好響亮又清通，每個字吐出來都好生動，透過她聲線，我就感覺得到她對自我的肯定、對生活的積極性、上進心、勇敢、樂觀等正面能量。但人並不只有一面，任你多樂觀，有時也會潛藏着悲觀，Kiri さん有沒有曾經悲觀過呢？她有沒有曾經走在黑暗的隧道裡面，迷茫着呢？

我不知道，因為我倆從來都沒談過相關話題，但我知道的是，她曾經生過大病，捱過好痛苦的日子，她康復之後，就出這本書。我覺得寫書需要好多好多的體力和精神；她曾經同病魔掙扎，應該低谷過、迷茫過，徘徊過要寫還是不寫，最後她還是選擇寫作出版，我就覺得這是多麼勇敢的選擇。

　　書裡面，我就覺得有趣又欣賞的地方是她的同時並存主觀和客觀（俯瞰）。當她在日本燒肉舖頭前面，考慮要不要一人燒肉時，當場主觀的她是好害羞的，擔心尷尬場面出現，不過俯瞰這個情況的另一位客觀 Kiri さん（稱之俯瞰 Kiri さん）就同當場的主觀 Kiri さん講：凡事都有第一次，你不如挑戰一下，享受體驗這個另類個人活動，之後同大家分享經歷，這樣你還覺得更好玩嗎？喂，你勇敢點去嘗試啦。這樣，主觀 Kiri 和俯瞰 Kiri 的一場激烈戰爭就展開了。

讀者彷彿與 Kiri 同為一體一齊走到日本的不同地方慢慢觀摩。Kiri さん切入的話題或者到訪的日本景點，都涉及不同廣泛的層面，十分有趣，例如：日本女性地位變遷、傳統職人、人情味十足的小店、色情行業和過勞死等等。她置身當中，不停為大家掘出當今日本的活生生寫照，十分可觀。

　　根據官方數據，2015 年去過日本旅行的香港旅客總人次就超過 150 萬，不當重複，估算可以說大概四、五個香港人當中，就有一人就去過日本。我覺得如今的旅行趨勢及風氣，典型及傳統的日本旅遊路線已經滿足不了香港人。Kiri さん這本書，可以當成另類日本旅遊指南書，相信這本書可以令到好多喜愛到日本旅遊的常客得到嶄新的啟發。

自序

　　日本繁華熱鬧的旅遊景點大家都非常熟悉，各種期間限定咖啡店、主題餐廳、時尚品牌、精緻飾品、家居擺設永遠吃不完買不完。除此之外，我認為日本連人煙稀少的歷史古跡都充滿魅力。京都著名的寺廟神社、上野公園的博物館……連平常路邊不起眼的碑石，到荒蕪的名城跡古戰場，都隨時帶人進入細緻深入的歷史考究。

　　尊重文化、追本溯源的日本民族，與中國緣份始於千年之前。我希望透過本書帶領大家來一次文化旅遊外，同時發掘日本與中國的緣：原來便當是南宋俗語、原來李白都有日籍朋友……今日網絡發達，對日本的印象不再是單純的櫻花與武士、拉麵和宅男，也不一定是八十年前的《菊花與刀》。一百個人看日本，可能就有一百個看法，每個人都能用自己的方式去感覺「日本」。誠邀各位打開這本手帳，一同參與我的日本社會之旅。

目錄

桜花碎步

日本遊

拜訪日本最強結緣出雲大社

　　看日本的月曆會發現每月都有其獨特的名字，其中十月被稱為「神無月」。相傳每年十月全日本的神明都會趕到距離神最近的地方——島根縣的出雲大社，開一年一度的會議，因此整個月全日本都沒有神明管理，夜晚出門隨時遇上百鬼夜行好可怕！唯獨出雲這個地方神光燿燿，稱「神在月」——很酷對不對？

▲出雲大社
◀出雲大社正門

　　現在介紹的是全日本最重要的神社——出雲大社。它同時是無數日本女生來求姻緣、相傳為戀人帶來幸福的聖地，在日本人眼中是非常有意義的地方。踏上島根貓結緣電車展開我們的結緣之旅吧！

▲中途落車轉車站

必須知道的旅遊交通 Tips

由於到出雲大社的女生和情侶都非常的多，所以這架一畑電鐵的島根貓結緣電車還頗受歡迎的。**不過，請留意 JR 山陰＆岡山 Pass 在這裡並不能使用，它是另一家鐵路——一畑電鐵的列車啊！**

如果碰巧乘搭上島根貓號的話，請不要錯過這可愛列車上的心型扶手，捉着心型的扶手，彷彿捉着的是永遠的愛人；除了休息、悠閒地看風景外，車上的服務員會用溫柔的聲線簡介沿途的

◀ 一畑電鐵島根貓版

▼ Crossover 的手信

風景和出雲大社，更加令人心曠神怡呢。要是
你沒有坐到島根貓號，可以在車站查看一下班
次，碰碰運氣。

　　比起早前 2013 年平成大遷宮、我初到出
雲時，如今出雲已經「進化」了很多，無論是
旅遊宣傳品或者特別列車的設置，尤其從松江
到出雲鋪天蓋地的「しまねっこ（島根貓）」，
可想而知島根縣花了多了心思做好推廣。

出車站往左面走過大鳥居可以到一畑電鐵的舊車站；轉右面直走有郵局，到盡頭就是出雲大社。喜歡收集日本異形名信片的朋友不要錯過島根縣的明信片啊！

出雲大社是建立在大國主讓渡國家後所獲得的土地上，是年代久遠、地位崇高的古神社。

《古事記》詳細內容我不太記得了，諸神名字還有點印象：大國主命、櫛名田比賣、素戔嗚尊等。大國主的故事是因為高中時讀安彥良和的作品《神武》和《大國主》而認識。

大國主和妻子須勢理的姻緣由一隻兔子冥冥之中安排，因此在出雲大社裡到處都可以看到兔子的裝飾物。

日本人將農曆十月稱為「神無月」是因為人們相信這個月全國諸神都奉大國主之命，集結到出雲大社，故只有出雲是「神在月」，並在農曆十月十一日至十七日這七天盛大舉行「神在祭」（又稱「御忌祭」）。

▲大國主神話中的兔子

▲門口的銅牛和銅馬

據說神明聚會這說法的由來，是中世之後的御師為了鼓勵人們前往出雲大社參拜，而在全國流傳之故。此外，出雲大社的參拜方式也傳承古法，遵循「二禮、四拍手、一禮」的程序，比一般神社多了兩次拍掌，成為出雲大社的獨特象徵之一。

在神社境內曾經出現過古代的建築地基，有理由相信古代的出雲大社其實更加宏偉。

出雲大社主殿兩側的建築內，設有十九個小神社，據傳便是用來接待由外地趕來的眾神。從這些多得誇張的おみくじ（御神籤）得知這裡的香火真的很旺。

出雲大社最著名的御守是「蘇」（よみかえる），是「復蘇」的意思，在別處買不到啊！

▲孖女在求簽

▲左手的臂章是攝影用的許可證

　　由於出雲大社以「結良緣」聞
名，據說站在拜殿重達五噸的巨型注
連繩底下，拿着硬幣往上丟，能成功
掛上去，不掉下來便會帶來好運，吸
引許多女性慕名前往參拜，是馳名日
本的人氣神社。然而，以我的眼界，
恐怕丟一百次都不會成功吧。

日本傳統糖果 金平糖 見學！

日本傳統糖果——金平糖（こんぺいとう）原來最早源自日本室町時代，最初由葡萄牙人傳入，是織田信長也愛吃的南蠻菓子。後來在明治四十年，金平糖開始大批量產製造。

雖說明治年間開始在日本的工廠大批製造，可是由於製作花時間，工作環境辛苦（工場室溫達四十二度！），近年已經日漸式微。全日本只餘下十所工場左右。

今次想跟大家介紹的是大阪八尾市金平糖博物館。工場內有金平糖製作體驗，還有配備英語字幕的金平糖歷史與製作原理的短片介紹。讀完短片介紹，訪客可以親身製作金平糖了！

▲金平糖實驗室

　　首先，當然要揀自己喜愛的顏色和味道，假如不挑選顏色，白色的金平糖只會是普通的糖……當然還要再加工，職員會適時給予協助，並幫遊客加入一項色素和香味，那麼白色的金平糖才會成為完整而且美味可口的金平糖。

金平糖見学！

▲顏料和味道

▲職員教大家做金平糖

▲染色中

◀針織金平糖

◀金平糖國王
▼金平糖之歌

　　至於完成了製作之後因為要等糖果後製的工序，所以學員須去到另外一個房間等候，不過也不是乾在等候，因為房間裡有保護金平糖王國的國王為大家自彈自唱「金平糖之歌」！就是這樣的細節安排，才不讓參觀活動變得冷冰冰，而是充滿人性、感情。

▶迷你金平糖

　　離開的時候，剛剛製作好、包裝漂亮的金平糖已在等待大家了！不過計劃這項參觀行程的話，我還是強烈建議讀者要認識基本日語，雖然製作過程的片段有英文，不過親手製作的過程，還是要懂得聽職員講解每個步驟怎樣做呢！

▶手作成為紀念品拿回家

離奇怪異、水木茂秘境

　　在日本生活時如果遇到不可思議而奇妙的現象，人往往認為是妖怪作祟。妖怪會懲罰懶惰和任性的人，有時還教導人要珍惜物品，要愛護自然和環境，因此妖怪對日本人來說，是非常熟悉的存在。

　　今次帶大家走到以妖怪和海鮮聞名的鳥取縣。要到鳥取縣境港市，最佳交通工具非鬼太郎列車莫屬。今天我們由島根縣玉造

◀貓女合照

◀撒沙婆合照

溫泉出發到米子，再轉鬼太郎列車；要是由大阪或者岡山出發，
大約三個半小時可以抵達境港。由於它是一個可以玩足一整天、
吃足一整天的景點，所以算上來也非常符合效益。

　　在山陰坐火車旅行的話，連接鳥取、島根和岡山的都不是新
幹線，而是各種新奇有趣的地區火車，對鐵道迷如我來說是非常
快樂的體驗。

對於一般香港人來說，離開了東京和京阪神就沒有甚麼好玩——其實這是源於對日本的不了解！境港市是日本國內非常受歡迎的景點，旅遊配套也做得很完善，而且近年還有中文和英文的指示和單張，官方網站還有繁體中文版呢！

在米子車站就有不少鬼太郎的相關裝飾，上車前一點都不無聊！只是拍照就已經夠好玩了。

島根縣有「神話之國」之稱，可想而知日本神明多如恆河星數；日本列島除了有無數神明還有數不清的妖怪！只要坐火車一個多小時就可以去到妖怪橫飛、百鬼夜行的境港啦。

鬼太郎的列車一共有六種，各佔一節時間不會重複，能搭到哪一節純粹碰運氣！今次我有幸坐了四種兼遙遠拍到主角鬼太郎。

境港車站就是鬼太郎車站，由月台到候車室等等都非常精美，恐怖不足搞笑有餘。只能說境港旅遊真心做得很不錯！巴士等等都是鬼太郎主題，相比起專程付錢去主題公園，我更喜歡主題都市。

▲車內天花

▲米子站月台拍攝的鬼太郎列車

在車站逛完一圈，再往前走就踏上水木茂之路，開始百鬼伴行之旅啦！

水木茂先生是鬼太郎的作者，自小在境港市長大，少年時代就對妖怪產生很大興趣。1991 年獲得了紫綬褒章，1996 年和 2003 年又相繼榮獲文部大臣獎和旭日小綬獎，他的作品受到國內外注目並具有影響力。

整條街還以《鬼太郎》作者「水木茂」的名字取為「水木茂」之路，絕對是走山陰線必訪的景點。

咦？走着走着，竟發現模仿《東海道五十三次》的《妖怪道五十三次》？《東海道五十三次》是浮世繪畫師歌川廣重的名作之一，描繪日本舊時由江戶（今東京）至京都所經過的五十三個宿場（相當於驛站），即東海道五十三次的各宿景色。該系列畫作包含起點的江戶和終點的京都，所以共有五十五景。不過有些景色並不完全寫實，而是加入了作者自己的想像。

在街道兩旁擺放了一百五十三座活靈活現的妖怪青銅像。誰都可以觀賞和觸摸銅像，銅像底座是由黑花岡岩製成，和青銅像合而為一，受到很多遊客的喜愛。

▶鬼太郎主題錢包
▼鬼太郎之路

在境港鬼太郎之旅中，我最推介的是甚麼呢？是妖怪饅頭。在鬼太郎博物館前有妖怪饅頭店總店，每人可以免費獲贈一個饅頭。先試吃了覺得好吃再買不遲喔！

另一個在 Instagram 和 Twitter 上爆紅的就是栗子味的和菓子，店子就在博物館門外，人多時要排隊，好誇張的人氣度！買來可以如何使用呢？伴裝是自己的眼球外，還可以裝成鬼太郎爸爸——鳴謝當日聽了我的要求後努力幫忙找這店舖的導遊松浦先生充當模特兒！

水木茂紀念館具有立體感的造型，以及音響和燈光效果會使遊客產生錯覺，像是妖怪就在身旁，並且可以欣賞在三張銀幕上顯現的妖怪，在街上闊步前進的樣子，還可以一看水木茂先生的簡介，並且欣賞他從全世界收集來的珍貴的收藏品。場館內有很多地方不准拍照，各位讀者請留意場內指示不要亂拍照呢。

こしあんに蜜漬けの栗を練りこんだ上生菓子です

※ねりきり

※ねりきり＝白あんに餅米の粉等を混ぜたもの

栗入り
こしあん

15個入り
¥5,250（税込）

10個入り
¥3,500（税込）

6個入り
¥2,100（税込）

5個入り
¥1,750（税込）

▲鬼太郎爸爸糖解構
▶最著名的鬼太郎爸爸糖

離開博物館是去吃午飯的時候了。境港的計程車都有眼燈！好可愛！境港市為水產都市，紅雪蟹及雪蟹等蟹類合計捕獲量為日本第一，捕獲的紅雪蟹加工成各種食品在日本全國銷售。在境港市品可嘗到以新鮮魚貝類烹製的海鮮蓋澆飯及旋轉壽司等，所以不缺美食喔！

　　而回程時我幸運坐到了和早上不同的列車，列車的佈置也是不同的啊！不過我還是比較喜歡早上坐的那一輛列車呢。最後在米子車站等轉車到鳥取市時看到了在休息的鬼太郎列車。雖然不能坐，但看到主角也很高興了！

　　由於我使用的是山陰與岡山 JR PASS，所以在等車時到外走走，買到了鳥取縣著名的梨子味雪糕。在香港的超市近月開始流行的「二十世紀梨」就是鳥取縣的出品，鳥取和大家其實很近，一點都不遠！

　　最後是給大家一個概念，坐火車到境港探望鬼太郎所需要的時間是起碼用半日計的，要記住，這是日本，不是香港，幾小時車程其實真的很平常啊！

京都人気 Top！
必到 Afternoon Tea 名所
「長樂館」

　　多數遊客到訪京都的目的都是參觀和體會日本的傳統，要是還能夠欣賞到一百多年前的西洋建築，這不是更加喜上加喜嗎？

　　是次除了這個「喜上加喜」，還有「錦上添花」！——百年歷史西洋建築內的貴婦人 Afternoon Tea。說的就是位於京都名勝「祇園」走路可到的「八坂神社」旁邊一棟歷史建築物——「長樂館」。

　　長樂館大約建於 1890 年間，由煙草商村井氏建造，扁額由
伊藤博文揮筆書成。長樂館曾經作為眾多政要及皇親國戚的接待
場所，即使是清朝的貴族也曾經在這裡留宿；比較著名的客人就
是因為掃墓而曾經短暫停留的伊藤博文，而他去掃墓的對象就是
長洲的木戶孝允（即是桂小五郎）。

　　時至今日，長樂館已經成為京都的其中一個地標，而在這裡
喝上一次 Afternoon Tea 更是不少日本女孩的夢想。只要翻開
日本的旅遊雜誌就會發現它們介紹長樂館的篇幅絕對不會少。

　　這是一個天朗氣清、惠風和暢的日子。我和朋友漫步遊覽過八坂神社後，遇上了這架載着兩位和風美人的人力車。車子緩緩前進，在不遠處就是我們的目的地——長樂館。

　　來到了長樂館的正門拍了幾張照片，迎賓的職員便上前相問：「請問是預約了三點鐘 Afternoon Tea 的客人 XX 小姐嗎？」

　　在職員引領下我和友人踏入了長樂館，果然讓人驚喜萬分！裝飾及保育兩者得到非常好的平衡，既保留了一百年前的風格，也顧及了餐廳的營運作出少量的變更。

▼沿途的人力車

首先講講這裡的牆壁，部分油漆已經剝落，但是館方並沒有刻意修補，就是隨意的保留着昔日的風貌，很自然，但是另一方面，我相信這裡的職員沒有忽略防蟲和防潮的工作。

在長樂館你可以慢慢坐下來撫摸每一件傢俬——這裡的家具都是「有形文化財」，都是當年留下來的，因此我們必須努力去保護！每一位客人坐着的椅子，可能都是當年伊藤博文曾經坐過的文物。

進入豪華的房間時，我們預訂的餐桌早已經佈置好了。Afternoon Tea Set 包了一杯無酒精飲品，其他都是有指定的配套。如果想要加錢轉其他飲品也可以向職員提出，他們會盡量配合。

長樂館桌面上有專門夾甜品用的鉗子，這是香港很多高級酒店Afternoon Tea都沒有的。（東京銀座的 Laduree 也沒有呢！好高級的感覺！）使用的杯墊是村井的香煙包裝，兩杯水、兩杯香檳，共四個款式。如果想要杯墊作為留念，可向職員查詢購買詳情呢。

　　用餐時，職員會細心為客人解釋每一件甜品，鬆餅每份都是即製的，非常新鮮！先吃了這一盤，職員就會收起碟子，把面層的向下移。和只有一堆甜食的 Afternoon Tea Set 不一樣，長樂館的第一層竟然有新鮮水果。

　　到吃得七七八八了，職員讓我們選茶。一人有一壺，配上有長樂館標誌的茶杯。

　　最後是雪葩上場，這時我們已經九成飽了啦！

　　不得不讚賞長樂館的 Afternoon Tea Set 真是既豪華又古典，精緻得來又划算。

　　參觀歷史建築物——即使他們已經變成餐廳，仍要好好愛護它們——讓下一代、未來的人都能

▼三層架

▲杯墊是舊廣告造型

▲典雅的茶壺

夠到達、參觀、觀賞是每一位當地人應該要盡的義務。就算不是自己當地的名勝，以遊客身份去到人家的地方，也必須好好緊記這一點。不要讓某國人在埃及古雕刻上刻上名字的情況發生在我們身上！

▼ Afternoon Tea Set 真是既豪華又古典，精緻得來又划算。

變身成京都平安時代姬君！

到京都穿和服體驗已經成為遊日必做的指定動作之一，可是除了一般的和服體驗之外，還有沒有其他更加精彩的體驗呢？

對於長年觀看大河劇或者熟讀日本經典文學的讀者來說，無論是《平家物語》還是《源氏物語》，當中女角層層疊疊的衣着，相信大家都不會陌生。即使沒有看過這些作品，相信各位都知道宮崎駿有套《輝夜姬物語》，還記得她們身上那件華麗又色彩繽紛，而且非常精巧的和服嗎？

大約公元 1000 年左右，中國唐宋年間就是日本的平安時代。當時貴族女性穿着的服裝一層疊一層，稱為「十二單」。根據身分高貴與卑賤，日本人女性的衣着都有不同。越高

貴的女性衣服便越多層，聽說最多可以有二十五層！

今次來到京都其中一個目標便是要挑戰這個傳說中超過十公斤的華麗衣服。朋友介紹了我到這間「雅ゆき」，原來是連AKB48都曾光顧過的著名店舖！

由於這個可不是即日走進去店家就能體驗的，所以建議在體驗兩個月前以電郵向店家提出體驗申請，收費則是當日付費，不過請當個有責任心的旅遊人士，不要預訂了然後失蹤！這可是會令到全體香港人蒙羞的！還有個溫馨提示：店家懂非常簡單的英語，表格可以以英語填寫，請各位不懂日語的讀者放心！

這次我的體驗是最便宜的，收費 15,000 日元的十二單「輝夜姬 Plan」。十二單加上假髮，可以隨便在店內自拍。要是想要專業攝影師就要加 8,000 日元，服務包燒錄一隻 CD，但 CD 不能即日拿到，建議留下日本住宿地址，三天內便可收到。

話說當日早上來到了店子，店家已經一早恭候多時了！

由於時間尚早，我們在樓下坐了好一陣子觀賞店內的裝飾品，有一套非常可愛的ひな人形。ひな祭り又名雛人形祭，即是每年日本三月三日的女兒節，每一戶有女孩子的家庭都會以這些可愛的娃娃祝願女孩子的健康成長。

　　接着是觀看平安時代的玩意了！除了「雙六」外還有「貝合わせ」，在店內都能夠自費體驗。

　　等着等着，時間到了！正式登上二樓準備變身成為一千年前的姬君（公主）。服侍公主變身的侍女總共有兩人，另外還有一位攝影師拍下變身過程作為紀念，正如上文提及，攝影師是另外收費的，8,000 日元附 CD-Rom 一隻。

▶古時的化妝品
▶十幾公斤的衣服
▼早上時職員在準備

姫君大變身！

▲先着好內衣

▲一層一層着

　　最初是穿上了白色的內裙和襪子，開始把臉塗白和把嘴巴畫小。然後姫君要套上一個如同袋子的褲子（由於褲腳是不能打開的，故本人稱之為一個袋子）。把兩腿分別套入左右的袋子褲後，張開雙腿紮好馬，然後侍女就會把一件一件單衣披到姫君的身上。

　　每一件單衣披上身後侍女都會用繩子將其固定在腰部，再披上一件新的單衣時就會從下方把下面一層單衣的繩子抽出，如是者不斷重複，然後再將領子一層疊一層交錯重複疊好，就完成了最基本的穿着程序。

　　大約穿到第五、第六層的時候開始有種沉重的感覺。有幾次真的站不穩了，要由其中一位侍女抱緊本姫的腰部才能避免摔倒。

三　四

▲每着一層抽走下面條繩

不斷地重複把單衣一層一層披
上身、不斷地打結不斷地拆繩
子、不斷地重新摺疊領口⋯⋯
感覺上本姬已經成為穿衣服的
娃娃。

　　終於穿好了十二單啦！侍
女告知總共重十五公斤。我的
天啊！接着是套上平安時代的
長黑髮。《源氏物語》中的末
摘花姬君也有一頭非常漂亮的
黑色頭髮呢。

拍照是在室內進行的。動作
只有兩個，第一就是端正站好，
手部不能露出，然後拿着飾品，
微笑展示優雅氣質。

　　第二個就是端正坐好，手部
同樣不能露出，然後同樣拿着飾
品，微笑，再次展現優雅脫俗的
氣質。

▶完成圖

▼加錢拍照留念

▲坐相

要是各位認為穿浴衣已經很行動不便的話，那這個十二單真是「不便」中的極致！也有朋友詢問我覺得「舞妓」和「白無垢」（日本結婚和服）會不會和這個一樣辛苦一樣重？

我可以肯定地回答各位，普通和服絕對是行動方便的，舞妓由於鞋底比較高走路可能有一點困難，白無垢比舞妓輕鬆，但是這個十二單根本是連走路都成問題啊。大家不妨試想像：「在身上綁上三包大米，還要在雙腿上套上兩個麻布袋，背後頭髮拖地」的情景吧。難怪平安時代的貴族女性都不能外出只能在房間裡面玩貝殼，男性要認識她們就只能在房外偷窺（即進行所謂「垣間見」）呢！

店家還有「Royal Plan」，是《篤姬》中的公主（後來的靜寬院）嫁到德川家時的裝束，打折了兩人也要80,000日元！《平家物語》中的源義經愛妾靜御前的白拍子裝束也可以試穿呢。

最後我和友人兩人合共花費約43,000日元（連稅），比起穿一般的和服貴近十倍，但是這個體驗實在非常難得。尤其是喜愛平安時代的讀者，你們真的不去試一次嗎？

裁製衣服，還到日暮里纖維街

　　雖然在香港買布做手作的人買少見少，不過我偶然還是會動手做衣服的！在香港買日本印花棉布聽說不便宜，特別是有授權的印花卡通人物布料，有些朋友會到台北永樂商場二樓的布行去，不過我覺得在台灣買也是貴，所以只會在到東京旅遊時大量買入，貪其款式最新、最便宜！

　　今次為大家介紹的是日暮里纖維街，十年前我已經是常客了。這裡除了有手作人都熟知的 TOMATO 外，還有很多不同的小店，都可以找到漂亮的布料和配件。

◀和風手作用小包裝的散裝布料

初次到訪的朋友，建議各位乘搭山手線到「日暮里」，不是「西日暮里」。我個人意見是可以安排在回成田機場之前，因為日暮里站是大車站，可以相對容易找到儲物櫃寄存行李。

在車站樓梯往下走好快就會看到藍藍黃黃的牌子，跟着去就可以了。在途中會看到很多便宜得誇張可怕的出口成衣店，一些上班連身裙，沒牌子，99 日元加上稅項，只需港幣 7 元。至於小孩子的襪子在香港可能賣幾十元，這裡也是 99 日元有交易。

開始進入日暮里纖維街，路上有些小檔口展示便宜的皮革，慢慢走到日暮里纖維街的龍頭大佬——TOMATO。它總共有五幢，但是我來來去去都是去同一幢。

▲ 想做拼布上最頂樓

▲ 日暮里有好多便宜衣服

▲ 有車好的裙在賣

▲最出名的布店叫 TOMATO

根據店內地圖，大家可以發現不同的館賣不同的東西。我一向只去本館的五樓和四樓。五樓是拼貼用小布塊（可以做小飾物），四樓是印花棉布和卡通人物布。

如剛才所言我往往會先衝到 TOMATO 本館五樓，這裡有很多做拼布的小塊布料，也有一些一匹匹的棉布，通常是比較舊款或者過氣的。走進這裡，有選擇困難症的人會發狂而死吧？

　　本來想找些小布塊製作頭飾，可是看遍了店內的粉紅色布都沒有合心意的！原本有看中了的布料，但我又不懂得弄和式的。接着在走廊走走逛逛，開始見到些似是我喜歡的東西了嘛，結果落到四樓一眼發現「本命」差點尖叫出聲！

　　當天早上上過 TOMATO 官網，有一張 Coupon 於結賬時可計算 95 折，只要展示給店員看就可以了。到訪 TOMATO 前記得先上官網看看當天有沒有甚麼好東西啊。

芙蓉園的精緻料理與名將明智光秀長眠地

此文想為大家介紹的景點，第一個是可一面欣賞紅葉、一面品嚐料理的芙蓉園；第二個是日本史上無人不識，叛變了織田信長的部下——明智光秀長眠的地方：西教寺。

　　在日吉大社鳥居、舊竹林院的對面有一個很大的牌子標示着一個名勝所在：芙蓉園。這是一個具歷史意義的名勝庭園，不過由於是餐廳，所以必須光顧才能進去。而當地方圓一公里內貌似沒有甚麼可吃的，芙蓉園的膳食精緻漂亮而價格也不太高昂，可以一試。

　　香港的高級食肆喜歡放現代藝術品作點綴，特別是外國的創作。可是在日本滋賀縣這小小芙蓉園的房間裡卻看到《楓橋夜泊》。這是在中國的寒山寺裡的碑上拓印下來的複製品，原本的石碑現在還佇立寒山寺。

▼門外石碑紀念明智光秀一族

▲芙蓉園客房

　　《楓橋夜泊》是唐代張繼一首有意境的七言絕句:「月落烏啼霜滿天,江楓漁火對愁眠。姑蘇城外寒山寺,夜半鐘聲到客船。」

　　熟讀《源氏物語》的話,應該會記得有一位與光源氏亦敵亦友的頭中將,他有一個私生女,名字叫「近江之君」。她就是在和京都有一點距離的近江成長,所以一點都不高貴,喜愛雙六遊戲,為人不拘小節像個傻大姐。近江其實就是現在我身處的地方。

　　房間內已擺放好食物,並以印有近江八景的圖案紙蓋着。把圖案紙移開後,看到的是紅葉的墊紙,以及小小的黃菊伴着不是

▲滋賀縣料理

▲滋賀縣料理近鏡

▲芙蓉園掛着唐詩拓本

刺身但看似刺身的食物。日式料理很講究季節和器具，在此可見
一斑。

　　雖然在寺院外面吃，但卻不是「精進料理」（因為有蝦），
「精進料理」其實就是指「素食」，由於是要「集中精神進行修練」
所以叫「精進」，可不是甚麼特別東西。

　　整個料理有多道菜，加上來貌似很名貴，其實只是 2,180 日元——也就是說港幣 150 元不到——相比人來人往的京都，唯有遠離遊客區才能享受真正價廉物美的食物和片刻安寧。

　　下一個目的地，傳說是為了來自朝鮮高句麗的僧人慧慈和慧聰，由聖德太子建造的西教寺。西教寺的正式名稱是天台真總本山戒光山兼法勝西教寺，很長對吧？實在有點難記呢，還是叫西教寺好了，哈哈！

　　元龜二年（1571 年）織田信長火燒比叡山，西教寺也被燒毀。但隨後明智光秀在該地建立坂本城，他成為城主後，對復修西教寺作出了很大貢獻。在天正年間，他重新建造了大本坊，當時使用的「天正年中明智公所造古木」一直保存到今日。

　　西教寺的總門是坂本城的城門，而鐘樓使用的鐘就是明智公的陣鐘，陣鐘即是軍隊行軍時為進退作為信號使用的鐘。而當年渡江時用的馬鞍、經筒、捐獻狀等等也是寺院的珍貴文物。

◀明智光秀夫婦像

▲明秀光秀一族墓

▲明智光秀公辭世名句

◀文学ゆかりの地

▲五種 gozaru 的諧音為各位祝福

在城門外的左下角有不起眼的小字。日吉大社有神猿大家都知道了，但原來「ござる」（即是「ありがとうございます」後面的「ございます」的辭書形）還可以和猿猴及守護等字有各種諧音，代表不同的祝福和好運。

進入城門看到熟悉的「文学ゆかりの地」牌子，便知道西教寺曾經出現在文學作品之中。

作家三浦綾子生於 1922 年，卒於 1999 年，著有「細川ガラシャ夫人」小說。細川ガラシャ是明智光秀的小女兒，經織田信長指示嫁給細川忠興，原名明智玉，母親是當代大美人，玉也是史上著名美女。而ガラシャ（Gratia），在拉丁語即是恩寵（神的恩惠之意）。

　　父親明智光秀叛變後，玉就是奸臣之女，人生有巨大轉變，後來信奉基督教尋求心寧安靜。她三十八歲時，細川忠興跟隨德川家康出陣上杉征伐，西軍石田三成要拿她作人質，薄命的紅顏自殺而亡。

　　三浦綾子的一生被疾病折磨，亦曾信奉基督教。兩個苦命的女人在命運上也有着相近的地方。

　　生時麗似夏花，死時美如秋葉。細川玉的自盡，在日語版維基百科全書中用「壯絕な最期」去表示，即是悲壯、絕望的終結，紅葉也是一樣，經過了火紅的「最期」就是肅殺的枯枝。

香港 Lolita Girls vs 京都 舞妓

這次我到京都不再是舉目無親,親切的青江夫婦為我和朋友接機。與青江夫婦的緣分,始於 2014 年五月初次到訪他們的店舖——エ・マーサ。我和高中同學初次體驗當舞妓,後來我們和青江夫婦在 Facebook 追加了對方名字,變成了網絡上的朋友,然後就有了今次的晚餐聚會。

由於青江夫婦知道我很喜歡京都的傳統,所以特意為我們安排了房間,並特意邀請了相熟的舞妓としももさん來助興。舞妓二十歲,以十六歲出道來說已經有幾年工作經驗,是大姐姐了。

到訪之前一天,青江さん告訴我這位舞妓喜歡 Lolita Fashion。因此我和朋友決定

就以 Lolita 造型上飛機直抵京都和這位舞妓會面了！是第一次穿 Lolita 坐飛機！

　　當晚食店主打是京都傳統懷石料理。懷石料理極講求精緻，無論餐具還是食物的擺放都要求很高（但食物的份量卻很少），因而被一些人視為藝術品，高檔懷石料理也實在耗費不菲。

▼一面看舞妓一面吃

▲舞妓としももさん看 iPad

　　舞妓としももさん是非常親切大方、言談有禮的大和撫子，待人接物都非常討好。和她言談間得知她小時候非常喜歡和服，所以立志要做舞妓。她當初還受到家人反對，現在總算是堅持到自己的理想。當舞妓初期，她連電話都沒有，要用書信和家人聯絡，每天工作至深夜而且沒有收入，因為學藝、和服等要花很多錢，所以一開始的工資都

京都舞妓之旅！

▲傳統舞蹈，伴以三味線演奏。

是用來還錢的。

　　用膳完畢，接着就是由舞妓為大家表演傳統舞蹈，伴以三味線演奏。看完表演就開始京都遊戲，大家隨着拍子把盒子拿走，看誰比較眼明手快。第二個遊戲則是一面跳日本舞一面盤算要裝成老虎、兒子還是母親，以此決勝負。最後，當然要大家一起拍照留紀念！真是一趟愉悅之旅！

▲合照

▲京都遊戲

朝聖！尋找坂本龍馬！

　　自從迷上了日本 NHK 的大河劇歷史片集後，對日本史產生了超級濃厚興趣的我是徹底地走上「歷女」（れきじょ）的不歸路了！這個詞語是指對歷史有強烈興趣的女性，她們除了看歷史片、歷史漫畫，還會看歷史書和直接實地考察，實行各種懷古之旅。說起來這個詞語好像是近幾年才興起的，日本也開始多年輕女性愛上歷史了嗎？

　　我利用工餘時間看了幕府時代至明治時代的《八重之櫻》、《篤姬》以及《龍馬傳》；以平安時代為背景的《義經》及《平清盛》；現在開始看戰國時代的《江》。以每套五十集，每集四十五分鐘計算，大家可以算一下我有多忙碌。

　　然而在看畢的劇集中最喜愛的必然是《龍馬傳》無誤，但這不代表我不愛其他！因此，在前往四國時不能不到的自然是高知縣，這個龍馬的故鄉。根據可靠情報指出，高知縣是歷史旅遊名城，想來一個龍馬朝聖之旅不是夢。

　　這次就和大家分享如何在一天之內，盡可能用最便宜方法和不辛苦地把龍馬相關景點走遍，當然還要得到高知縣旅遊局發的「龍馬護照」。

第一站：高知車站站前

在高知車站前有一個旅客中心，這裡能夠買到前往龍馬像的所在地——桂濱——的車票。在需時四十分鐘的車程中，沿途經過河川和植物園，風光不俗。請記住在旅客服務中心出示你的護照，這樣一來 1000 日元的全日通會便宜 50％！是 500 日元的巴士放題！

同時，請向職員提出要「龍馬護照申請表」。只要把表格帶着，到不同的龍馬相關景點請職員給你蓋指定的章子，回程時在這裡就可以換到藍色封面的最低 Level 龍馬護照了。要是你是龍馬超級粉絲，以後在這本藍色本子上一直蓋章下去，可以升 Level 換到最高級的 VIP 護照，詳情請看護照內簡介。

買好了車票後請先不要花時間在旁邊的 NHK 龍馬大河劇場館，先跑到巴士站去排隊等巴士，半小時一班巴士。留意在車站前有三大雕像，別忘了去看看他們是誰。

◀ JR 站前的龍馬巴士

第二站：桂濱海邊、龍馬博物館

　　四十分鐘後來到了總站——桂濱，這是一個面向未知世界的海洋，龍馬就是在這裡下定決心要成就大業。當天下着很大的雨，在雨中走山路本來很危險，幸而道路都非常安全。小山丘上是龍馬的像，算是這裡最重要的景點。站在桂濱的海邊，是否覺得自己也變得充滿豪情壯志？

　　走到沙灘另一端，可以慢慢拾級而上，沿着剛才走過的車路旁的樓梯回到上一個車站——龍馬博物館。

　　在這裡可以買到各種歷史書（前提是你要懂日語），還有資料詳盡的圖書角和電腦。不得不提的是龍馬遇害地的模型和龍馬家居的重整模型，做得十分精緻。走上三樓還可以站在玻璃前欣賞桂濱的海景，不過那天我看的是濛濛雨景。

▶龍馬小時候常去玩耍的海邊有他的像
▼在海邊的龍馬博物館

第三站：高知城、龍馬郵便局、龍馬出生紀念館

逛完龍馬博物館後，回到高知市內下車轉路面電車吧！這張 500 日元的全日通還包市內路面電車，實在是太讓旅客感動的全日通！高知城嚴格來說和龍馬沒有關係，但我是個「日本城堡痴」，不去城堡會茶飯不思——所以高知城還是編入行程之內。

慶幸路面電車四通八達，先到了高知城再拿着 Google Map 找龍馬郵便局和龍馬出生紀念館也不困難。在這裡給大家一個溫馨提示：高知城、龍馬郵便局、龍馬出生紀念館的距離只是四個電車站，大約是三十至四十五分鐘的腳程。如不想因為等車而浪費時間不妨直接跟地圖走吧！

來到了龍馬郵便局，不能不拍照吧。這是一個隱藏在民居中的小郵局，要花一點時間和腳骨力才可以找到，至於門口的郵箱便安放了一尊龍馬像，別錯過了跟龍馬合照的機會！

▶ 龍馬郵便局
▼ 高知縣郵局有龍馬

接着就是一連串的溫馨提示:

1. 龍馬郵便局內是沒有龍馬明信片賣的。請在第二站的龍馬
   博物館自行購入。推介卡通造型和歷史圖片的設計。

2. 經龍馬郵便局門口的郵箱投遞信件,並不會蓋龍馬的紀
   念郵戳,請到櫃位辦理;寄外國的明信片一律 70 日元。
   在郵局內有一些龍馬郵便局紀念章可以蓋明信片。

3. 沒有散買的龍馬郵票,要買的只有紀念套裝的五枚 80 日
   元郵票小全張,但誰會撕下來使用呢?

4. 留意!那個 185 日元郵便局的當地限定異形明信片不能
   寄海外。

離開了龍馬郵便局，再走大約十分鐘，在一條明渠側的建築物就是龍馬出生紀念館。論規模它比桂濱旁的要小多了，但是這家紀念館以外型取勝，而且在裡面走動也很寫意呢。

▼郵局對面的紀念館有龍馬夫婦等待大家

第四站：高知車站前的大河劇《龍馬傳》紀念館

這間紀念館是為喜愛大河劇《龍馬傳》的各位而設的！在這裡出示全日通巴士票可以有入場便宜 100 日元的優惠。高知縣真是旅遊城市！

入場一定、一定、一定（很重要所以要說三次）要試的是「龍馬變身體驗」，費用全免，不懂穿的話職員會幫你，Don't Worry！要是想穿情侶裝的話，還有龍馬姐姐——乙女姐姐的和服造型，不過我是絕對不要做女人的了，讓我當龍馬吧！

除了拍照之外，遊客還可以穿着這件龍馬服在紀念館中穿梭遊走，這裡有當年拍攝大河劇的場景，讓你彷彿置身於幕府末期的時代。

▶免費龍馬服體驗

但是要記緊，試穿時間只限半小時，要是人多的話請不要霸佔太久啊。超慶幸是當天我好像都沒有看到其他遊客！

　　我的龍馬朝聖之旅就在這裡畫上句號。經過了一天的遊歷，總算蓋足了印章換到龍馬護照，餘下就是回家等收自己寄自己的明信片囉。

▲ 有份拍龍馬傳的廣末涼子
▶ 龍馬傳的其他演員

跟《平家物語》漫步歷史：
山口縣 下關市

▲海底人行通道

　　山口縣，平安時代源平合戰最終回的海峽、江戶時代著名學者吉田松蔭之故鄉、坂本龍馬與其妻暫居之地、明治年間李鴻章與伊藤博文簽定馬關條約和談之處，亦是友人 Mikko 留學日本之地。

正正由於大部分人留學都去東京、大阪或京都，去山口縣的人少得可憐，友人的留學生活在我印象裡，和大城市的確不大一樣。

北九州 JR PASS 最遠可以去到山口縣，我就抽了一整天在下關市參觀《平家物語》相關景點。

◀馬關條約簽訂地重現
▼馬關條約簽約歷史圖片

「祇園精舍鐘聲響，響出諸行本無常（祇園精舍の鐘の声、諸行無常の響きあり）」，讓我為大家講一個印證人生荒謬無常的故事，以及帶大家到三個相關的地方去。

▲日清講和

▲日清講和紀念館

▲李鴻章和伊藤博文書法

第一站：壇ノ浦戰場

在 JR 下關站下車後坐市內巴士到「御裳川（みもすそが
わ）」下車即可。千萬不要在「壇ノ浦」下車！和紀念銅像有一
段頗遠的距離。

滾滾壇浦東逝水，浪花淘盡英雄。

是非成敗轉頭空，青山依舊在，幾度夕陽紅。

對於一頭霧水的各位，我強烈推薦大家看 NHK 大河劇了解
《平家物語》這個讓人感嘆世界無常、變幻才是宇宙之道的經典
名作。瀧澤秀明、石原さとみ的《義經》和松山研一、深田恭子
的《平清盛》都好看得不得了！

平安時代武家勢力興起，平家與源氏平分秋色。

平家當家平清盛挾著有《梁塵秘抄》、為人奸險、有「天狗」
之稱的後白河法皇號令京都，女兒嫁入宮中誕下安德天皇。

清盛曾掠奪源賴朝父、義朝的愛妾常盤御前，為其誕下一女
及養育敵人兒子、戰神源義經。人生最高峰時期的平清盛要趕建
宮島神社，揮動扇子連太陽也不得不聽命。

　　平家權傾天下，清盛兒孫滿地。然而歷史教訓非常殘酷。年青時的清盛因爲一念之仁放生了的源家男兒，例如義朝正妻——由良御前誕下的賴朝漸漸長大成人，還有表面臣服實則待機而起的近臣賴政，都形成源氏尾大不掉之大患。

　　風水輪流轉，長大的義經習得好武功，又聞同父異母之兄源賴朝與北條政子成婚，得岳父之力在關東勢力日增、叔父源行家及平家重臣源賴政在各地起兵，決定倒戈相向，滅掉養育自己童年、有父親之恩的平清盛。

　　在宇治平等院有源賴政討伐平家失敗自焚史跡、滋賀縣三井寺有賴政的同謀——以仁王逃走的傳說，但是暫且偷安的平家威勢還是有完結一天。

　　壇／浦戰場，就是平家最後的集體葬身地。

　　平清盛早已一命嗚呼，平家後人養尊處優，孫兒維盛不成大器，兒子們與童年一起成長的弟弟「牛若丸」——也就是義經，在壇／浦來個最後了斷。義經打敗了童年一起長大的哥哥——平家最出色的大將平知盛，身陷重傷的平知盛抱着重物投水，女眷們紛紛相繼投水自盡。平清盛正室二位尼抱着幼小安德天皇和神器投水，母親建禮門院等同樣效法。

　　不知道大家知不知道明智光秀的辭世句：「順逆無二門，大道徹心源。五十五年夢，覺來歸一元。」

　　提起這首絕命詩，可能大家都會想起織田信長的「人間五十年、下天のうちをくらぶれば、夢幻の如くなり。一度生を享け、滅せぬもののあるべきか」（人生五十年，與天地長久相較，如夢又似幻；一度得生者，豈有不滅者乎？），其實這並非出自織田信長，只是他愛的敦盛歌詞。

　　上述平清盛、敦盛之死，正正記載於《平家物語》，而織田信長喜愛的敦盛歌詞，就是後世日本人根據《平家物語》所記載的場面所創作的《敦盛》能劇；當然還有其他類型改編如幸若舞和謠曲，以及歌舞伎《一谷嫩軍記》等作品。其中，最廣為人知的就是名叫《敦盛》的幸若舞。這個幸若舞頗為織田信長所喜好，

◀平家一族墓

▲源義經和平知盛

傳說織田信長在臨終之時就曾經吟誦該曲中這一節,是故明智公之絕命詩,與這段歷史關係十分緊密呢。

2005 年 NHK 大河劇演員手印就在銅像下方,原來都已經十幾年歷史。

壇ノ浦還有幾個炮台,講的卻又是明治年間歷史了。想聽故事?說書人正拿着圖畫給遊客娓娓道來啊。

▶壇ノ浦說書人

第二站：赤間神宮、安德天皇陵

　　赤間神宮大殿有平清盛建造的宮島嚴島神社影子，當天正好有法事。

　　平清盛孫兒安德天皇，就是壇ノ浦戰場中與平家共存亡的年幼天皇，相傳皇室三大神器都一起跟着落水——不過有兩件浮起了，相傳就是這樣。

▲赤間神宮

一般相信，母親建禮門院是被救起了，從此隱居在今京都大原寂光院。即使是現在還非常偏僻的大原，還有建禮門院之墓。

在不起眼、一般遊客不會到訪的地方，有平家一門的墓，他們終可生生世世長相守，在海底龍宮過太平日子。平清盛的「仁」留下了絕路給兒孫，但兄友弟恭團結一致的精神卻可貴。

後世一般推崇源氏，因為歷史最愛講成王敗寇，他們的確建立了鎌倉幕府。我個人認為源氏的成功建立在「狠」字之上，對自家源氏族人毫不留情，一旦威脅自身利益非殺之而後快不可。

我尊崇平清盛有貴族大將之風，如同項羽；源賴朝如同奸人抓住時勢，近似劉邦上位講運氣多於實力。順帶一提司馬遷《史記》也把項羽計入「本紀」，視之為帝王。

第三站：二位尼與安德天皇入水像

位於壇ノ浦銅像斜對面的旅館花園內及赤間神宮正門對面馬路。「御裳川」的御裳其實是二位尼抱孫投水的絕命詩句。

瞧，這不就是「今人不見古時月，今月曾經照古人」嗎？壇ノ浦埋葬了英雄平知盛、二位尼等平氏一門，他們無緣看到滅亡家族的小弟弟牛若丸（義經）被真正「哥哥」賴朝封鎖在腰越無法回到鎌倉，更不能想像忠僕弁慶的立往生和義經會自盡。只有壇ノ浦頭頂那輪慘白月光，見證着這人間最悲痛的故事。

▼二位尼抱安德天皇入水

90

旅遊景點資料小記

出雲大社

地址：島根県出雲市大社町杵築東 195

時間：06:00-20:00（3 月 -10 月）；
　　　06:30-20:00（11 月 -2 月）

電話：+81 085-353-3100

網址：http://www.izumooyashiro.or.jp

金平糖博物館

地址：大阪府八尾市若林町 2-88

時間：09:00–17:00

電話：+81 072-948-1339

網址：http://www.konpeitou.jp

木水茂紀念館

地址：鳥取県境港市本町 5

時間：09:30–17:00（16:30 停止入場）

電話：+81 085-942-2171

網址：http://mizuki.sakaiminato.net

長楽館 (Dessert Café)

地址： 京都市東山区八坂鳥居前東入円山町 604

時間：10:00-20:30

電話：+81 075-561-0001

網址：http://www.chourakukan.co.jp

雅ゆき (敬請預約)

地址： 京都府京都市中京区釜座通三条上る突
抜町 807

時間：09:30-21:00

電話：+81 075-254-8883

網址：http://www.miyabi-yuki.jp/

トマト (TOMATO) (本館)

地址：東京都荒川区東日暮里 6-44-6

時間：10:00-18:00 (星期日及假日休息)

網址：http://www.nippori-tomato.com/

芙蓉園 (本館)

地址：滋賀県大津市坂本 4-5-17

時間： 10:00-16:00 (晚市必須預約)

電話：+81 077-578-0567

網址：http://fuyoen.jp/

西教寺

地址：滋賀県大津市坂本 5-13-1

時間：09:00-16:30

電話：+81 077-578-0013

網址：http://saikyoji.org/

高知県立坂本龍馬記念館

地址：高知県高知市浦戸城山 830

時間：09:00-17:00

電話：+81 088-841-0001

網址：http://www.ryoma-kinenkan.jp/

龍馬郵便局

地址：高知県高知市上町 1-8-18

時間：09:00-17:00（星期六、日休息）

電話：+81 088-823-4782

網址：http://map.japanpost.jp/p/
search/dtl/300164016000/

龍馬伝幕末志士社中 (《龍馬傳》紀念館)

地址： 高知県高知市堺町 1-21 JTB ビル

時間： 08:30-18:00（17:30 停止入場）

電話： +81 088-879-6400

網址：https://www.attaka.or.jp/
tabihiroba/bakumatsu-shishi.php

壇ノ浦古戦場跡

地址： 山口県下関市みもすそ川町 1

網址：http://www.oidemase.or.jp/
tourism-information/spots/15266

赤間神宮

地址： 山口県下関市阿彌陀寺町 4-1

時間： 9:00-17:00

電話： +81 083-231-4138

網址：http://www.tiki.ne.jp/~akama-jingu/

中日文化
互切磋

日本竟然與古代中國文学大有關係？

話說，大家都說日本古代學師中國，特別是學術方面，但日本人到底學到甚麼程度、有甚麼史實可以證明呢？要做文學比較向來不是易事，要做兩國的文學史引證更加困難。今次我就嘗試用一個較為深入淺出的方式去為大家解說一下。文章底部有參考的書名，有興趣的讀者可自行購買這本書細看。

日本本來沒有自國文字，記錄都借用漢字。現在日文用的平假名和片假名都是由漢字的草書或者偏旁變化而來。雖然日本本來沒有文字，但也有自己的文學——那不是書面而是口耳相傳的口頭文學，直到他們有文字才把這些口頭文學記錄下來。

在古代日本會寫中國漢字是非常重要的

技能，一方面中國文學是日本人寫作漢文時的榜樣，另一方面日本文學接受了中國文學的思想、評論、詞彙，使文學更加豐富。

中國史書從後漢書開始就有記錄日本或者倭國遣使的事，但是日本史書七世紀之前卻沒有直接向中國遣使的紀錄，中國文物當初是經過朝鮮半島傳到日本的。

日本最初進口的漢家典籍，是百濟博士王仁在日本應神天皇年間帶入孔子的《論語》十卷和《千字文》一卷。直到推古天皇十五年（607年），日本向中國隋朝派遣國使，兩國才正式開始邦交，一直到九世紀末，日本國使去了多次中國，還派留學生去學中國文化。

日本八世紀編修《萬葉集》，乃日本最早的漢詩總集，同時《懷風藻》也成書了。裡面收錄的是中國盛唐時期的作品，但是風格還是六朝流行那種華麗宮廷詩。《萬葉集》中有些漢文序言用的更是駢體。

我們可以根據時間推斷，說日本當時漢文漢詩的作風比當代中國要晚，即是較為走在時代後面，不過也有一些書在成書後馬上就傳到日本，例如唐代傳奇〈遊仙窟〉就被《萬葉集》引用。

有沒有中國文學作品很快傳到日本兼且帶來影響呢？嵯峨天

皇曾經模仿張志和的《漁歌子》填詞，還有大受日本人歡迎的白居易，他的文集亦在本人還在生時，即承和五年就傳到了日本，但是聞說安史之亂之後日本就沒有派遣唐使到中國了。

藤原佐世編輯了一本皇家藏書目錄——《日本國見在書目錄》，也可輔助考證，當時日本所藏的漢家典籍，大都是初唐以前的作品，盛唐之後只有王昌齡、王維、王涯、白居易、元稹的詩文集和劉白唱和集，卻沒有廣為大眾認識的李白、杜甫、韓愈及柳宗元的集子。

斷絕日中邦交之後，漢家典籍進口主要是私商來往，例如藤原道長的日記裡，記載着從中國來的和尚曾給他《白氏文集》；著名的女作家清少納言亦有列舉了她有興趣的文學作品名字：《白氏文集》、《昭明文選》、《史記五帝本紀》皆在名單之列，這三本都是當時日本人愛讀的書。

根據日本丸山清子教授指出，紫式部的《源氏物語》裡，曾經有九十三處引用白居易的詩文。例如在第一回皇上就在看《長恨歌》畫冊；在第十二回主角吟誦的是「二千里外故人心」。

《史記》也是當時人人必讀的書。故事集《今昔物語》裡有不少《史記》和《漢書》的故事。年代較晚的《平家物語》也有用《史記》與《漢書》比擬當時事件。《昭明文選》的地位則是

漢文的典範。藤原明衡編集《本朝文粹》時，當時的日本人文體就是文選體為優。

到了十二世紀的時候，日本皇家常有政爭。爭權者都要靠武力打倒敵人，武士勢力逐漸強大。武士不重視文學，文學傳承由僧侶擔任，並稱之為「五山文學」。宋朝以後日本中國僧侶來往密切，容易帶來中國當時的文學，故這些五山僧侶研究佛教外還會講中國文學。除了之前流行的白居易外，還加入了杜甫、韓愈、柳宗元、蘇軾和黃庭堅等等。這時日本對中國文學的評價和當時中國本身的評價差不多一樣了。這個時代的日語文學比較少，「能樂」卻非常流行。其中有一種以中國故事為題材，例如《項羽》、《張良》、《楊貴妃》、《昭君》、《邯鄲》、《西王母》、《東方朔》、《白樂天》等等。

十七世紀時，日本文學中的俳句體裁從和歌中獨立，有些俳句作家更會把唐宋詩詞意境挪移到他們的作品裡。到了元祿年間（1688年至1703年），明代的詩很流行，後來還有流行過模仿清代詩人袁枚的詩。

小說方面則出現一個全新現象：開始接受中國的小說翻譯和改寫。除了短篇小說之外還有章回小說，例如《三國演義》、《水滸傳》、《西遊記》等等。

明治維新之後中國文學不再是日本唯一的外國文學，但是傳統上文人於中國文學方面的素養依然很高，例如明治時代的夏目漱石就會寫漢詩；大正時代的芥川龍之介亦懂清末流行的同光體詩。

現在一般日本人對中國文學的認識已經沒有以前那麼多，不過愛讀《三國演義》和《水滸傳》的人還是不少，魯迅作品的翻譯更收錄在中學的課本裡呢。

參考書籍：《清水茂漢學論集》，中華書局，2003 年。

▲中國河南洛陽的白居易墓的日本人立碑

很久以前，
李白已**結交**日本朋友

現在中國人和日本人交朋友，已經不是甚麼新鮮事。而早在唐代的中國和日本，就有一個很著名的中日友好故事，而主角就是大家都很熟悉的李白。

李白的日本朋友叫阿倍仲麻呂（698 年 – 770 年），又作阿倍仲麿，是出身日本的唐朝政治家、詩人，在中國時取漢名晁衡（又作朝衡、鼂衡），字巨卿。

阿部在日本的奈良出生，十九歲那年被選為「遣唐留学生」，在當時是非常難得的機會。雖說難得但也不一定是好事，因為海面風浪多，可能從此一去不返。不過阿部很幸運，他成功抵達中國，還在太學學習《周禮》、《禮記》、《毛詩》、《春秋左傳》等等，並以優

秀成績畢業。他博學多材，工作又積極，十分受到玄宗的喜愛，還被賜了漢名晁衡，留在宮中工作。

後來阿部回國時，在海上遇到風浪，竟然到了越南。後來輾轉回到長安，再一次在中國定居直至死亡。

值得提及的是，當時船隊中還有一位揚州延光寺的著名高僧同行，他就是鑒真和尚。這位年過六旬的得道高僧自從十一年前答應日本友人的邀請，決心遠赴東洋傳揚佛法，曾多次率弟子五次渡海都被風浪所阻。這次船隊在中途亦遇上了大風暴，他們的船和阿部的船都被沖散了。鑒真和其餘兩艘船各自開到了日本，但和尚最後未能回歸中土，死於東洋了。

講完阿部的生平，這裡先岔開話題講一講那個於玄宗天寶年間，釀成安史之亂的楊玉環。

不知道大家有沒有聽過「露華濃」這個化妝品品牌，露華濃典出李白的《清平調》：「雲想衣裳花想容，春風拂檻露華濃。若非群玉山頭見，會向瑤台月下逢。」這是李白寫下的千古名句，讚美對象正是楊玉環，這位安史之亂的千古罪人。

除了寫詩描述、讚美大美人之外，李白也常常寫詩送贈好友，除了杜甫以外，他也寫過詩給阿部：

「日本晁卿辭帝都，征帆一片繞蓬壺。明月不歸沉
碧海，白雲愁色滿蒼梧。」

這首七言絕句是上述提及阿部的船隊回國時遇風浪，李白見
久未收到晁衡的下落，以為好友在海難中遭逢不測寫下的《哭晁
卿衡》。若果講到日本人所寫的文學，不得不提晁衡在蘇州黃泗
浦（今江蘇鹿苑）啟航駛往日本時口中唱吟着思念故鄉的和歌《三
笠山之歌》：

「天の原、ふりさけみれば、春日なる、三笠の山
に、いでし月かも。」

這首和歌後來被收錄到了《小倉百人一首》中，為該和歌集
的第七首和歌。翻譯成中文是：「翹首望東天，神馳奈良邊。三
笠山頂上，思又皎月圓。」

1979 年，為紀念晁衡留唐 1200 週年，中國在陝西省西安
市的興慶宮公園裡建造了「阿倍仲麻呂紀念碑」和「阿倍仲麻呂
紀念堂」。而在江蘇省鎮江的北固山，也豎立着一塊阿倍仲麻呂
的歌碑，其碑文內容，則是其和歌的漢詩翻譯版本。

唐代的文化傳到日本後，影響日深，引起日本國內的大規模
革新運動，這就是歷史上極為著名的「大化革新」。這個大規模

的改革發生於西元 645 至 710 年，當時日本方面通過改革，從氏族社會變成以唐朝為典型的、有良好政治制度的國家，天皇開始採用年號。645 年孝德天皇即位，稱大化元年。在大化以前，日本是由許多氏族組成，蘇我一家曾用陰謀、暗殺等手段控制皇室達五十年。蘇我氏自稱府邸為「皇宮」，稱子為「皇子」。

645 年中大兄皇子在宮中殺死蘇我入鹿，他與親信中臣鎌足成為大化革新的主持者，他精心策劃安排，加上中臣鎌足認真執行改革的指示，日本終於建立其歷史上第一個中央集權的天皇政府，646 年元旦，天皇頒佈詔書，正式掀起改革的浪潮。足證是時唐朝國力文化鼎盛，足可垂風周邊，只是往矣。

穿越？蹴鞠在廿一世紀京都出現！

　　所謂「禮失求諸野」，日本保留了大量中國古代文化的精華已經是不爭的事實。其中一樣就是けまり（漢字：蹴鞠）這種現時在京都被珍而重之的傳統活動。本文除了けまり蹴鞠外，還會介紹其近親——てまり（漢字：手毬）和近代的ゴムまり（漢字：護謨鞠）。

日本的蹴鞠現況

　　據每年春天推行蹴鞠始め活動、和京都御所有莫大關係的神社——下鴨神社介紹，蹴鞠在飛鳥時代（公元六世紀末到八世紀初）傳入日本，在平安時代（公元八世紀末至十二世紀末）流行於日本貴族社會。平安時代是一個很喜歡模仿唐朝的年代，當年的京都還是跟着中國的首都建造而成。在學習那麼多唐代的東

西中，自然少不了「蹴鞠」——我亦有印象看古代的日本宮廷漫畫如《源氏物語》，就經常出現踢蹴鞠的場面。

中國古代蹴鞠起源

然而，這個至今在日本還被珍視、仍保存着的活動並非起源於唐朝，它有更悠久的歷史。「蹴鞠」一詞最早載於《史記・蘇秦列傳》，蘇秦游說齊宣王時曾形容臨苗：「臨苗甚富而實，其民無不吹竽、鼓瑟、蹴鞠。」「蹴」即用腳踢，「鞠」指皮製的球。從日本的記載文獻所知，它一般是用鹿皮和馬皮所製，現代當然不可能在使用這些珍貴動物的毛皮。

中國中世紀的蹴鞠發展

蹴鞠源於齊國臨淄，盛極於唐宋。詩人王維《寒食城東即事》：「蹴鞠屢過飛鳥上，秋千競出垂楊裡」可見踢球之高；杜甫《清明》詩「十年蹴鞠將雛遠，萬里秋千習俗同」說明了踢球習俗的普遍。到南宋，陸游在《春晚感亭》詩中描寫「寒食梁州十萬家，秋千蹴鞠尚豪華」；《感舊末章蓋思有以自廣》詩中又有「路入梁州似掌平，秋千蹴鞠趁清明」詩句。

蹴鞠在古代中國那麼流行最終還是敵不過失傳命運，卻竟然在日本保存下來，成為了一個日本風俗活動，還被誤會成是日本起源與傳統，到底應該為蹴鞠感到幸，還是不幸？

蹴鞠在中國和日本的衰微

　　從內在因素而言，以後世「改良」過的儒家思想為核心的中國傳統心理是重文治輕武功，溫文爾雅為上品，好勇鬥狠的為下品。因此即使只是一個球類活動，也由比試變成了觀賞模式，至於實際開始中止這項活動的時間是明代：妓院嘗試以蹴鞠吸引客人，最後遭下令禁止玩樂，蹴鞠成為了女子的玩意。到了清朝的時候更是完全被廢除以至失傳。至於日本的蹴鞠經歷了平安時代的全盛時期，卻在織田信長的統治下失勢。由於織田信長鼓勵相撲這個活動，蹴鞠風潮從此一蹶不振。不過和中國不一樣的是即使它並不再流行，直至今日這個傳統還原原本本地保留在京都；可憐蹴鞠在中國卻已經湮沒在歷史的洪流之中。

　　除了蹴鞠外，還有一種叫てまり（漢字：手毬）。這本來是小朋友的玩具，亦可作為送給女孩子的玩意。由於女孩子長大了便會嫁人，父母為了祈求子女的幸福，就會凝聚心意，製作一個漂亮的手毬送給她們紀念。簡單來說蹴鞠是貴族男子的運動，手毬卻是小孩子和女子拿在手裡把玩的球。他們的特徵都是漂漂亮亮的，現時我們在日本的紀念品店買到的圓形和式風格球體就是手毬。

　　到了近代，作為「玩具」來說，兩種「球」其實都已經變得罕見。踏入二十世紀，一種膠製的「球」、名叫「ゴムまり」（護

蹴鞠）的「彈彈波」成為了小孩子的玩具，我印象中童年時都曾經玩過。若說文學作品能反映時代，這種彈彈波在夏目漱石的《それから》（中譯：《其後》）中也有出現過。男主角代助在睡覺時隱約聽到花朵掉下之聲，在他的耳朵裡卻有如彈球往天井裡拋下去一樣的聲音。原文如下所示：「枕元を見ると、八重の椿が一輪畳の上に落ちてゐる。代助は昨夕床の中で慥かに此花の落ちる音を聞いた。彼の耳には、それがごむまりを天井裏から投げ付けた程に響いた。」

雖然傳統上要用鹿皮、馬皮的蹴鞠是不可能做出來了，但精美的飾品手毬在家中也能自製呢。

竟是中國南宋俗語？

　　早前和朋友討論，到底現在日語中的漢字，會不會有部分源自古中國，最後發現原來「入手」這個詞語早就被中國唐宋詩人用爛了：如白居易的《聞楊十二新拜省郎》：「官職聲名俱入手，近來詩客似君稀」、陸游的《遣興》：「賴無權入手，軟弱實如泥。」、《太平廣記》：「錢既入手，心又翻然，縱適之情，又卻如故。」，所以「入手」這個詞才不是甚麼日本新鮮潮流字。

　　在滋賀縣三井寺因為一個偶然的機會，我發現弁当的「弁」和明辨是非的「辨」，原來曾經相通！日本的佛教聖地——比叡山延曆寺最著名的僧侶，曾經是平安時代源義經第一手下猛將武藏坊弁慶，原來他原本的名字是辨

慶！於是我忽發奇想，「弁当」的原寫會不會是「辨当」？

經翻查資料發現，原來「便當」一詞最早源於南宋時期的俗語，意思是「便利的東西、方便、順利」。傳入日本後，曾以「便道」、「辨道」、「辨當」等當字（当て字）表記：「弁えて（そなえて）用に当てる」，意思大約就是預先準備好了的東西。

另一個講法就是代表「飯桶（めしおけ）」的「面桶（めんつう）」的漢音讀音近似「めんとう」，所以慢慢就變成了「べんとう」。

「便當」一詞後來反傳入中國，乃源於日語的「弁当」（新字體：弁当，舊字體：辨當），即使台灣的鐵路餐盒也會稱之為便當，今時今日大家都以為這是日本的特色食品，而不知道原來這個字最初竟然來自南宋年間中國的俗語，真是有夠諷刺的了。

▶今日的火車便當

1000 日元紙幣上的文豪

——夏目漱石

　　早前，我和小學同學到四國走了一趟。
愛媛縣雖然只是一個小小的城鎮，卻充滿着浪
漫氣息，《千與千尋》的油屋原型——道後溫
泉以及秋高氣爽的松山城讓我留下深刻印象。

　　回到香港之後，對夏目漱石筆下的名作、
以道後溫泉為背景的《少爺》（坊ちゃん），
以及寫下了千古名句「秋高氣爽松山城」的俳
句詩人正岡子規產生了興趣。夏目漱石這個名
字，在香港人之間可能不比芥川龍之介又或者
三島由紀夫有名，不過要是有唸過一點日本現
代文學的話，對夏目漱石這個名字應該不會感
到陌生。

　　要是大家還有印象，舊 1,000 日元紙幣上面的肖像就是夏目漱石。我感到很窩心的是在日本這個地方，文人也能登上紙幣成為重要的代表人物，實在是對文化尊重的一種表現！

　　這個令到道後溫泉一舉成名的作家，他的名字也充滿着古代中國色彩。夏目漱石（1867 年－1916 年），江戶人，本名夏目金之助。江戶就是現在的東京，所以他雖然曾經在四國愛媛縣任教並且寫下了傳奇，但他本是在首都居住的城市人，現在他的墓就在東京。

　　在明治年間日本的漢學依然很流行，因此日本不乏對漢學、也就是中國的學問有非常專業認識的人。夏目漱石早年學習漢文，大學時專攻英國文學，因此不論是東西方的文化修養水準都非常高。除了作為著名的小說家深入民心之外，他還精通俳句、漢詩和書法，奠定了他在近代日本文壇的地位。

　　江戶時代的著名漢學家吉田松蔭固然喜歡引經據典，但是夏目漱石的筆名也大有來頭。他的筆名「漱石」二字源於中國唐代《晉書》的故事「漱石枕流」，以「枕流是為了洗滌耳朵，漱石是為了砥礪牙齒」的涵義勉勵自己保持堅定的意志。今時今日知道「漱石」意思的中國人不知道還有多少？

說回以我們的主角道後溫泉為背景的小說《少爺》。小說寫作風格詼諧，被稱為最多日本人讀過的小說之一。大意是說住在江戶的主人翁來到了愛媛縣的一間學校任教，在學校裡見盡了只顧自己、自私自利的教員及校長、以及各種也許在《半澤直樹》中能夠找到的「現代版辦公室政治」。主人翁給每一位同事改了有趣的化名，記下了他在這個鄉下小鎮的生活趣事，也有人認為這也許是夏目漱石本人的真人真事改編。尚未讀過的朋友去找一本來讀吧，或許你會有很深的體會呢！

作為一個短期在東京居住過的人，無可否認書中的主人翁偶爾提到的地方名也很令我懷念。例如開頭幾章已經出現的地方「麴町」，現在已經是地下鐵有樂町線的其中一個站，我曾經在那裡買過一些日語教材。當主人翁享受着道後溫泉的內容映入眼簾，我眼中彷彿也見到早前於道後溫泉旅遊的點點滴滴了。

俳句詩人正岡子規與啼血杜鵑

到了四國的愛媛縣才發現這裡是一個熱愛日本文學的人必到的地方，除了夏目漱石的名作《少爺》而聞名的道後溫泉外，日本近代文藝界著名人物正岡子規的出生地正是這個小小的、盛產蜜柑的愛媛縣。

　　之前提到夏目漱石的筆名來自中國唐代《晉書》的故事「漱石枕流」，俳句著名詩人正岡子規的名字原來也是源自漢學。

　　幼年的子規性格內向、個子不高、經常生病，中學時代他開始熱愛文學，成為一名文藝青年。1888 年因為患上了肺結核，該病特徵是會吐血，所以他決意以杜鵑啼血作為自己的名字，改號為子規。

　　「子規」這個濃厚中國色彩的詞語，其實就起源於中國文學。在唐詩裡杜鵑、子規這兩個詞的概念是不分的。宋詩中亦有「三月殘花落更開，小簷日日燕飛來。子規夜半猶啼血，不信東風喚不回」，難怪這位患上肺結核的文藝青年會把自己的名字改為「子規」了（他的原名有說叫「常規」）。

　　講到杜鵑鳥，牠在中國古代文學中出現的次數極多，在古書中異名亦很多，如子規、杜宇、望帝、鶗鴃、蜀魂、謝豹、陽雀、子雟；甚至買𤭖、催歸、怨鳥、冤禽等等，多達四十多種別稱。

　　1892 年正岡子規於東京大學國文系修業中途輟學，進入了日本新聞社。1895 年正岡子規作為戰地記者隨軍參加過中日甲午戰爭（日本稱作日清戰爭），因肺結核惡化從此臥床不起。到了 1897 年他參與創辦《杜鵑》雜誌，對後世產生很大影響：正岡子規對松尾芭蕉為代表的傳統俳句提出批評，是革新派的人物。

在船上吐血後被送到神戶病院的子規後來又回到了松山，在 1902 年九月不敵肺結核，結束了他如杜鵑啼血過後壯烈身亡的人生。

在病床上的子規寫下了《病床六尺》這部作品，裡面並沒有自暴自棄或感傷，反而是臨死時對自己肉體與精神面客觀的紀錄。即使事隔一百二十年，正岡子規留下來的句子在愛媛縣仍隨處可見。由街角以至於松山城、或者道後溫泉，偶爾都能讀到他的名句。

正因為孕育出了正岡子規，愛媛縣松山市也就添上了一層詩情畫意的外衣了。

▲位於東京雜司が谷靈園夏目墓

日本中秋節要食「月見団子」

　　對於香港人來說中秋節並不陌生,但對於日本人來說,中秋節和月餅又是一種怎樣的存在呢?今次就和大家簡介日本中秋的由來及習俗,當然還有他們的月餅啦。

　　日本人為甚麼會知道中秋節?大家讀畢之前的文章,大抵會產生是唐朝的時候傳入日本的想法吧!我發現原來日本人對中秋節的認知,最早在唐玄宗(也就是楊貴妃年代)曾經有賞月宴會,再追溯下去,日本竟然也有人提出早在夏商周的周代年間,周天子會在春分與秋分拜祭月亮,這個比起我閱讀中文資料時找到的文獻看來還更加早。

　　仰慕唐朝文化的平安時代,是正式開始中秋節慶祝的年代,到了室町時代更是廣為盛

行。和女兒節來自中國但變了樣一樣，平安時代開始中秋節已經和中國的有所不同。

　　首先中秋節時貴族會聚集在河邊宴會，可是他們看的不是天上的月亮，而是茶杯中的倒影與及水面上月亮的倒影。在宴會間他們吟詩作對，感覺上和《紅樓夢》中的螃蟹宴、菊花宴頗為相似。在賞月以及祭祀月亮神祇的時候，古代日本人還會順道慶祝農業的豐收。因此使用農作物製成的月見團子便成為了中秋節不可或缺的食物——這和中國人着重月餅是不一樣的。

　　月見團子這種食物，平年就是放十二個，閏年就要放十三個，不同地區的團子造型亦各有分別。在日語裡，月見團子的日語是「月見団子（つきみだんご）」，而下面的容器叫「さんぼう（三宝、三方）」。

　　自從藤原家定下了舊曆九月十五日為祝願「五穀豐穰（ごくほうじょう）」的節日後，同時把「萩（はぎ）」和「芒（すすき）」兩種植物和月見團子放在一起的習俗就流傳下來了。

　　不過，現時不論是在長崎還是橫濱的唐人街，日本人都能輕鬆買到月餅。在香港、台灣或者中國大陸，月餅都是期間限定，只有在中秋節前的兩三個星期能夠買到；可是在唐人街，這已經成為了特色小吃。

▲和中大日本同學在東京過中秋吃着肉類刺身和月餅

　　日本人在唐人街買到的月餅的味道也和我們傳統中國人吃的不一樣，各種各樣的月餅成為了他鄉的特色小食，這也算是一種意外驚喜吧！

▲京都久美濱的女兒節人形製作

日本**女兒節**與王羲之有何關係?

　　日本女兒節,日語是「雛祭り」。本來女兒節定在農曆的三月初三,明治維新後則改為跟從西曆。還記得小時候看着日本公司陳列的娃娃都覺得非常漂亮,傳說那個皇帝和皇后分別是由神話中的少彥名命和神功皇后演化而來,會保佑女孩子健康快樂成長。

說女兒節只是日本傳統節日，相信沒有人會懷疑；可是原來這個日本女兒節其實脫胎自中國的傳統節日，平安時代至今留下來的習俗更是和王羲之大有關係！

　　聽過上巳節嗎？上巳節其實是中國古老的傳統節日，俗稱三月三。該節日在漢代以前定為三月上旬的巳日，後來固定在夏曆三月初三。「上巳」最早出現在漢初的文獻。《周禮》鄭玄註：「歲時祓除，如今三月上巳如水上之類」。現在仍有日本人記得女兒節舊稱「上巳」，日語拼音是「じょうし／じょうみ」，倒是中國已經沒有幾多人記得這個日子。

　　據記載，春秋時期上巳節已經流行。它是古代舉行「祓除畔浴」活動中最重要的節日，周代有水濱祓禊之俗，祓禊指洗濯身體以除去凶疾的一種祭祀儀式，朝廷指定專職的女巫掌管此事。

　　《詩經》中的《鄭風•溱洧》記載有鄭國陽春三月祓禊的情景。漢代時三月上巳確定為節日，《後漢書•禮儀志》載：「三月上巳，官民皆禊於東流水上，洗濯祓除，去宿垢，為大潔。」《論語》中也有記載「暮春者，春服既成，冠者五六人，童子六七人，浴乎沂，風乎舞雩，詠而歸。」現在日本有些地方還保持這種女兒節習俗，在當晚把各式各樣的人形娃娃隨着河裡漂流，祈求健康、平安。

　　當年日本受到唐朝上巳節「曲水流觴」的風俗影響，人們用紙做成人狀，希望自己身體的不適轉移到人形紙娃娃上，然後放入河流走，此習俗自平安時代起至今仍每年繼續，不過部份地方已經改變為把舊了的娃娃放在河上送走。

　　文學經典《蘭亭集序》描寫的就是上巳節宴會。古代中文裡「曲水流觴」這個詞指是文人臨水宴飲、吟詩做賦的節日，當中最著名的是王羲之蘭亭之會。東晉永和九年三月初三上巳節，會稽內史王羲之偕親朋謝安、孫綽等四十二人，相聚會稽山陰蘭亭祓禊祭祀儀式後，舉行流觴曲水遊戲飲酒詠詩，所作詩句結成了《蘭亭集》，王羲之為該集作《蘭亭集序》。

　　相傳春遊踏青，是青年男女談情說愛的大好時機。因此我們的詩聖杜甫也說：「三月三日天氣新，長安水邊多麗人。」麗人出遊自然希望遇上青年才俊，花前月下共譜戀曲。現在仍有些女孩子會把女兒節的皇后娃娃當成自己，把皇帝娃娃弄點心上人的特徵，如為娃娃用筆加一粒痣，因為喜歡的男生也有一粒痣……云云。

　　現時女兒節精巧的人形娃娃的擺法是很講究的。一般來說，最上階金色屏風前兩尊穿着華麗的娃娃，左邊的是穿着衣冠束帶的天皇，而右邊的則是穿着厚厚的十二單衣的皇后。

擺人形娃娃分為七個階級，分別是：

第一階　是一對天皇與皇后的宮廷人形。

第二階　是三名宮女，手執酒、酒杯及酒壺。

第三階　是演奏音樂的五人樂隊。

第四階　是隨從，外貌為一老一少的大臣。

第五階　是三名僕人。

第六階　通常擺些小型嫁妝及家具。

第七階　是牛車、籠、轎子等。

　　一般需要十五個人形娃娃，七階的檯子，加上其他飾品的話價錢不菲，於是就有家庭選擇階數較少的檯子，如五階、三階或一階——日本人視奇數為吉數。

　　娃娃擺飾第四階裡兩名隨從中間放置着菱餅、雛霰和白酒等女兒節的應節物。蛤蜊（蜆的一種）也是在女兒節常吃到的，因

為蛤蜊都是兩片兩片緊密結合在一起的,不同的殼一定無法密合,所以就藉此來象徵愛情專一。另外還有些清湯、花壽司等等。

　　至於為甚麼現在中國已經沒有這些節日呢?相傳宋代以後,理學盛行,禮教漸趨森嚴,上巳節風俗便在漢人文化中漸漸衰微了。要是現代中國有女兒節,恐怕會成為土豪炫富新戰場了?

日本主婦過去今天大不同

在日語裡漢字「家內（かない）」亦和「妻（つま）」字同義，在家內留守的就是妻。

根據一般香港人對日本傳統女性的印象去推測，日本主婦總是把家裡整理得井井有條，每天為家人預備非常好吃的東西，還會弄個漂亮到不行的飯盒讓老公帶上班去。在小孩子放學之後，打扮漂亮的主婦會帶着可愛的孩子在附近的遊樂場玩耍，幾個主婦互相交流育兒與做家務的心得，這種溫柔大方的主婦形象深深植根在香港人的腦海之中。

傳統的日本主婦一生為家庭付出不求回報，但是所謂男主外女主內，男人要把整份工資交出，每天只有 500 日元零用錢。要是大家在日本雜誌店看到《ステキな奧さま》這本

雜誌，不妨買一本看看。這本日本主婦雜誌介紹很多你我一生都
未必會知道的家居小百科：用牛奶盒砌椅子或者用 100 日元店的
小東西去為家居變身等等，想成為傳統日式主婦不妨參考。

本來主婦這個名詞是二十世紀初產物。最初是 1907 年有一
篇叫《主婦的修養》的文章，提倡主婦的任務是保持一個和平的
家庭、着重精神面、磨練持家技術、操持家事；到了 1980 年美
國以「家事擔當者 (Homemaker)」稱呼這一個職業。1990 年
代間，日本興起了一股由石原里紗的兩本著作引起的「專業主婦
論爭」熱潮，當年泡沫經濟下的日本，存在着大量有謀生能力卻
不工作的女性，成為社會的一大負擔。這兩本書出版後成為了社
會上輿論的焦點，更令專業主婦現象成為了社會學和女性主義者
的研究對象。

近年日本女性的地位略為提升，很多女性開始到外面工作，
贊同「主婦生活是理想人生」的女性由 1987 年的 34% 跌至
2002 年的 19%，日本女子大學人間社會學部現代社會學科的石
崎裕子教授就提出了「新專業主婦志向」的新觀點：

「家庭經濟由男人負責，女性就做自己喜歡的事，如吃漂亮
精緻午餐和上興趣班。男人學歷越高，女人變主婦的傾向越高。
男人除了工作還要負責一點家務，女人就是負責家裡工作和專注
興趣。女人希望和有經濟力的男人結婚，即使作為主婦也要有經

濟基礎，期望寬裕的生活。」

比較幾十年前的主婦和現代的主婦，在午飯時段，我們不難發現，幾位年輕的主婦相約在西餐廳裡一起吃午飯，談談近況，過的是舒適休閒的生活，但他們的丈夫可能就在公司附近的松屋草草吃個牛肉飯。數據統計顯示，一般行業在外面吃午飯的平均花費 500 至 700 日元，唯有主婦例外：平均是 1,500 日元。

2005 年在日本大受歡迎的劇集、由觀月亞里沙主演的《鬼嫁日記》中，那些搞笑的場面雖然略嫌誇張，卻可以窺視到日本丈夫的悲慘生活。劇集用滑稽詼諧手法向觀眾披露了另一種日本主婦：妻子在家裡獨大，丈夫非常害怕老婆，妻子每天的工作除了家務育兒，就是去健身室做運動。

然而，更可怕的還在後頭。大約十年前日本修改了婚姻法，規定夫妻離婚時可以對分養老年金。這個看上去是保障婦女權益的變動卻發生了重大的社會風波——「熟年離婚」。習慣了在家裡優哉游哉生活的主婦，在丈夫退休後每天都要照顧那個甚麼都一竅不通的丈夫，盛怒之下強迫丈夫和她離婚，再把錢瓜分了的情況也不是罕見。

當然不是說每一對夫婦都會遇到以上問題，但對於盲目相信「日本老婆便是無敵」的香港男人來說，這些知識還是知道一下比較好吧？

傳統職人與小店人情

在香港生活最抵受不了的就是千篇一律的商場與連鎖店。近年香港的年輕人都喜歡光顧有特色的小店，所以每當雜誌或網上媒體介紹隱世地區小店，都必定引起熱潮。在日本街頭巷尾，不難發現一些老字號販賣着他們引以為傲、獨一無二的心血結晶，希望我接下來的體驗，能為各位打開一扇門，走進旅遊節目以外的「民間日本」。

在大城市如東京、大阪，主要的旅遊區不外乎池袋、新宿、澀谷、梅田、心齋橋、道頓堀，這些地區都是百貨公司、知名品牌以及連鎖店的天下。對於目標是「血拼」的遊客來說，這些地方已經非常足夠流連一個星期，真的提不動了就去郵局把東西都寄回香港。

我向來喜歡尋幽探秘，找尋一些小小的店舖，感受那一份獨特與個性。離開了大城市，這些有故事有歷史又有人情味的小店比目皆是。在香港受夠了排到天荒地老、海枯石爛，客人仍然矢志不渝的台式咖啡店，但在高松、松山、德島這些還未成為旅客必到之縣，隨便在街上打個白鴿轉，都會發現佈置清雅或懷舊的小型咖啡店。

　　在松山火車站旁邊的咖啡店「キタ」的年紀比我還要大，是 1970 年代開業的一家復古西式 Cafe，老闆娘是一對比家慈年紀還大的姐妹。話說 JR 松山站以前還不是 JR 站時，兩姐妹的父母在原址經營飯堂的生意，店名就叫「喜多」（「喜多」日語發音「キタ」）。

　　姐姐京子小姐由 27 歲起便守住這家店，和妹妹每天輪班工作，她最喜歡和客人聊天，聊着聊着，她找出一本日本地理教科書給我這異鄉人解說四國的地理和氣候，這是何等充實的對話。

　　銀座的下午茶再華貴再高級，也抵不過「キタ」的京子小姐如同母親一樣的溫柔淺笑，那份人情味是無可比擬的。

▲喜多女主人

▲喜多下午茶

至於有關神秘又崇高的日本職人，以往我們只能夠透過書籍雜誌以及紀錄片去了解。早前我以日本旅遊及文化博客身分接受日本大阪府八尾市的邀請，參觀了一些平常只能在電視紀錄片中見到的小店，當中包括了集三代職人之技集結形成的「姬野工作所」的雪平鍋。

雪平鍋又被稱為「行平鍋」，有銅製有鋁製，相傳是平安時代的在原行平所發明，鍋具外型源自於有鍋嘴、把手與鍋蓋的土鍋，加上鋁製鍋身經工匠鍛打出有如白雪般的圖案，因此稱為「雪平鍋」。由於銅導熱特別快，所以在八尾市的「姬野工作所」雪平鍋很受日本家庭歡迎。在日本樂天購物網頁中，原來姬野工作所的雪平鍋早已經斷貨了！

▲雪平鍋

姬野工作所主人姬野先生表示，預訂一般也要一兩個月左右。我好奇請教傳統的手藝如果還能得到大眾支持，大約還可以再流傳下去吧？主人苦笑：誰想正正經經學打鍋呢？現在來打工或者學習的都當是藝術，不當是工具——「我們本來是受客人要求訂造鍋子，不是藝術家想打造甚麼就甚麼啊！」一言驚醒夢中人。當藝術學習創作自己的作品和當自己是工匠，本來就是不一樣的心態！

　　要數著名的職人，還有在明治政府實行廢刀令之後，由製作武士刀起家，變成製作廚房刀具，至今依然非常受歡迎的菊一文字。我有幾位朋友家裡都有他們的菜刀，其中一位朋友的太太用菊一文字切蛋糕切得非常工整漂亮，雖然用菜刀切蛋糕就未免略嫌大材小用了。

一人燒肉，寿與唔寿

　　早幾個月，我終於成功鼓起勇氣挑戰自己一個人在日本吃燒肉。照片放上社交媒體，回應分成了兩派：一種是覺得非常了不起，自己無法做到；另一種是不以為然，覺得沒有甚麼大不了。

　　如果你也在日本居住過而又受到當地習俗影響的話，你一定會明白一個人去吃燒肉是好比登天一樣困難的事情，這個困難的程度，就和日本女性外出不化妝需要非常厚的臉皮有一樣。

　　對於一個人去進行某些活動，在日本早已被社會認定是寂寞難耐、沒有朋友、不善交際、感情上失敗的代名詞。日本人最着重就是群體中的認同感歸屬感，所以在燒肉餐廳這種

集合了家人、朋友、戀人快樂聚會的場面之中，一個人吃燒肉真
正是受盡千夫所指、冷眼相看閣下「冠蓋滿京華，斯人獨憔悴」
的酷刑。

還有就是如果在連鎖燒肉店的話，店舖為了得到最大利益，
一個人霸佔一張二人桌的客人，偶爾還會有不禮貌的目光與言語
對待，令本來已經誠惶誠恐走入店裡，心靈脆弱的獨身顧客感到
更加難堪。

對於獨身顧客不敢去的地方，網上還有各種不同級數、不同程度的指引：一個人去主題公園、一個人看電影、一個人去旅行、一個人去時鐘酒店……各式各樣五花八門，挑戰你的「一個人獨處能力」。可是這個「一個人獨處能力」並不是一個褒義詞，而是證明你有多獨來獨往，你有多不合群，你有多欠缺朋友。

某天身在大阪的我突然之間很想吃燒肉。燒肉店是男人主場的餐廳，平常如果沒有人陪伴的話，我是打死也不會一個人進入燒肉店的。試想像一下一個穿着可愛的小裙子，拿着小手袋，化着精緻漂亮妝容的年輕獨身女性，一個人走入去大口大口地吃燒肉喝啤酒，是多麼的不協調！

最後我本着凡事都有第一次的決心，五點半就走入了這間燒肉店，先來一杯紅酒定一定神。舉目四周，坐的都是四十歲以上的中年大叔，那些打工的年青男孩正在偷偷望着這個拿着紅酒，手在抖震的奇怪女人。

點了平常我最喜歡吃的牛肉之後，我開始細心留意其他顧客的動靜：有幾個大叔在高談闊論，有幾個年青小夥子在打遊戲機，有一男一女正甜蜜地吃着同一碟牛肉⋯⋯

「果然我看上去就很寂寞吧。」心中不禁泛起了一層淡淡的憂傷。

可能是心理影響食慾的關係，那天的牛肉好吃不好吃我已經不太記得了，但是我卻很記得自己一個人坐在吧枱那種「斯人獨憔悴」的感覺。

如果說燒肉店是男人主場的話，充滿夢幻感覺的咖啡店和甜品店，還有西餐廳，就是女性獨大的食肆。走入大阪中之島北濱 RETRO 這間英國風格的百年餐廳，顧盼四方盡是衣着漂亮斯文大方的年輕及中年女性。一位背着背包的男人走入店，被安排在店中央的大圓桌；另一位單身上班族緊隨其後，同樣在大圓桌安靜地坐下。在一間女性佔了九成半以上的店舖之中，兩位男士顯得格外突出。

　　要是情況換在購物區的咖啡店或西餐廳，更加是只有女性的天下。我喜歡天王寺 mio 商場的西餐廳，整間店舖都是單身「血拼」完一袋二袋的女性，由十幾歲到五十幾歲，餐單很注重蔬菜肉類並重，份量不大、種類多、伴菜精緻，套餐還附送骨膠原或豆乳的甜品。身為女性客人，除了感受到貼心之外，環境也很讓人安心。聽說有些男性朋友也很想去試試這些西餐廳的套餐，只是看到一店的女性客人就渾身不對勁，卻步不前，最後跑回去男人主場的牛肉飯店去了。

　　要打破男性主場與女性主場的困局，最簡單直接的方式就是帶同一位異性。那麼無論是燒肉還是蛋糕店都馬上變得不再矚目、不再備受歧視了。

永無休止的「限定」魔咒

自從九十年代開始，我就染上了一個無可救藥的病：對於所有寫着「某某限定」的日本商品有無法免疫的惡習。喜歡日本動漫又或者精品，甚至是時裝的各位，或多或少也無法抵抗這個「限定」魔咒吧？

還記得最初來自紫色薰衣草版北海道限定 Hello Kitty 的震撼，讓我感到心臟彷彿停止跳動一樣。Hello Kitty 陪伴我成長，地球上已經沒有任何東西可以阻止我對無嘴貓的愛。薰衣草顏色讓我瞬間墮入愛河，收藏品由衣服到文具、精品，包羅萬有，令學生年代靠兼職維生的我元氣大傷。

九十年代要去日本不容易，為了滿足我對日本每個地區限定 Hello Kitty 收藏的慾

望，我經常去旺角信和中心的精品店找尋各種地方限定的 Hello Kitty。回首看看那些年的珍藏，電話繩與鎖匙扣竟然由沖繩到信州、靜岡都有，風林火山限定版我都有！用金額計算的話還真不是小數目。某一年銅鑼灣崇光百貨試過舉辦地方限定 Hello Kitty 食品展銷，我終於擁有第一個京都版 Hello Kitty 茶葉罐，這個鐵罐到今天還在我的床邊。

除了 Hello Kitty 的地方限定之外，早幾年我突然間愛上了日本郵政局推出的不規則形狀明信片。每到一個地方就要找郵政局，試過去到島根縣出雲大社遇着星期六日郵局沒有開，過了幾個月得知有朋友將會到出雲大社，連忙請求他代買。須知道最懂

得做生意的從來都是日本人，最會賣廣告、最會包裝商品的也是日本人，可惡的日本郵政局總是不斷推陳出新，現在家裡的日本異形明信片大約已經有半公斤了！

京都鐵道博物館開幕時，日本郵政局推出了只有在京都郵局才可以買到的異形明信片套裝，還限定只售二千套。地方限定加上數量限定，真是讓擁躉頭痛極了。

相信大家都有吃過東京最著名的人氣手信「東京蕉」，我會把東京蕉各種限定的包裝紙拿去包教科書，每次把教科書拿出來就會看到一盒一盒的東京蕉，這是作為收集狂自我滿足的其中一種途徑。

繼「地方限定」之後，另外讓人恨得牙癢癢的就是「季節限定」和「期間限定」。這兩種「限定」通常發生在日本的零食和餐廳餐單，只有每年去東京和大阪最少四次，才可以買盡、吃盡、享受盡春夏秋冬四季不同的商品。最常見的就是漫畫或者動畫主題，例如美少女戰士二十周年紀念展覽，在指定的兩個月時間內，遊客除了可以現場參觀原稿，還可以買期間限定的場內限定販售精品。當然也少不了期間限定的餐廳，以各種搶眼特別的食物吸引大家的目光。

還有一種肯定就是沒有任何預兆突然出現的商品，最佳例子

就是我一向有收集的各種日本期間限定 Kitkat 餅乾。各種奇奇怪怪的口味出過一次之後以後就未必買得到，所以這些年來已經養成了幫它們拍照放上相簿的習慣。

還有另一個更加珍貴的限定叫做店舖限定，這個經常發生在時裝界。有年秋天，日本人氣動畫《魔法少女小圓》曾經和 109 系少女品牌 Liz Lisa 聯合推出過一件只能在東京 109 店買到的連身裙，當天早上 Liz Lisa 還沒有開店我就去 109 門口排隊，前面已經有五位日本女生，幸好皇天不負有心人，最後我成功二色全入。

近年香港也很喜歡使用

▲北海道新幹線限定便當

▲ Uniqlo 限定內褲

▲リラックマ JR 限定

145

「限定」兩個字，吉野家的日本酒固然也愛寫着「店舖限定」增加吸引力，不同分店的食肆也越來越喜歡推出店舖限定的餐單。繼香港雜誌仿效日本雜誌以贈品吸引客人來提高雜誌發行量，下一個會是各種巧立名目的「限定」嗎？

日本社會迷信*星座*?

每次打開女性雜誌，都會被最後幾頁詳盡的血型分析與星座運程吸引，情不自禁地找尋自己的血型與星座，看看最近會有怎樣的運程。

讀中學的時候，曾經有一本叫《星座小王子》的潮流讀物大賣，星座似乎是只屬於學生之間的熱門話題，人長大了後，身邊再沒有人提起過星座、血型與運程等等關係，取而代之是塔羅牌興起。直至去到日本，才發現原來星座與血型運程占卜於香港雖然已經相對式微，但是在日本還非常流行。

走入日本的書店，很容易發現各種不同種類有關占卜的書籍，除了傳統的星座運程之外，茶葉都可以占卜。當你考入一間日本公

司工作，有時還會被前輩問到自己的星座以及血型。據說日本人一般相信 A 型血員工最好管、最有責任心、最有團隊精神，比較難搞的是 B 型血的人，普遍認為他們太過有主見、有藝術家脾氣等等。

與日本人相處的時候有時也會談到星座，如果你是白羊座、獅子座、人馬座這些火系星座的話，一般就會被強加熱情洋溢、魯莽衝動、活潑好動的性格特徵；要是剛好在群體之中遇上一個雙魚座，大家就會幻想你們兩個一旦碰上就可能水火不容這樣子。

與其說日本人迷信，不如說他們更加着重帶來好運的小東西。偶爾會在精品店和書店，發現適合不同星座佩戴的幸運石，到沖繩旅遊還可以買到幸運星砂！旅遊書也會告訴大家每一個旅遊點的甚麼位置，最能吸收大自然之間的天地靈氣，提升各種不同力量。近年在香港開始流行的「靈氣」治療也是來自日本。

要是講到日本獨有的占卜，我會推介由宗教家占卜師細木數子根據中國古代易經及算命研究發明的「六星占術」。六星占術根據每個人出生年月日分成土星、金星、火星、天王星、木星、水星六種「運命星」，然後再根據出生年份分成正（＋）與負（－）。

假如出生年是子、寅、辰、午、申、戌的話就是正；丑、卯、

巳、未、酉、亥年份出生的話就是負。運命星和正負結合算出了
土星人（＋）、金星人（－）去計算占命盤。

　　占命盤有十二種，分別有：種子、綠生、立苍、健弱、達成、
乱気、再会、財成、安定、陰影、停止、減退。

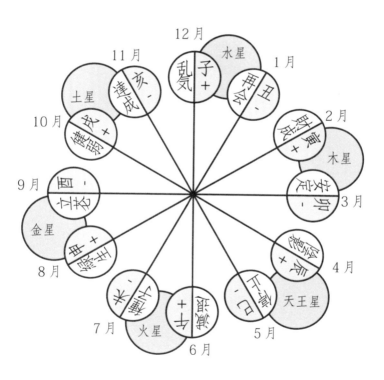

▲ 占命盤

細木數子在日本知名度好比在香港的
蘇民峰與麥玲玲，作為知名人士她經常在不
同的電視節目亮相。而她的書亦非常好賣，
無論是年青一代還是年老長者都知道她的名
字。好奇的我也曾經嘗試過六星占術，個人
認為準確度比星座和血型高，雖然有時半信
半疑，倒也樂在其中。

　　曾經有在日本回來的朋友戲言香港人其
實也喜歡求神問卜，加上近年年輕人對日本
文化趨之若鶩，要是學懂了細木數子的六星
占術，在香港應該是門獨市生意，還有可能
成為新一代預言大師上電視台節目吧。

化腐朽為神奇的再生術

在奈良的古董店裡找到漂亮便宜的和服腰帶，大喜過望馬上掏出錢包付賬。年紀老邁笑容可掬的老闆娘笑瞇瞇地看着我說：「你是要把它拿去重新製作嗎？」

在日本的二手店經常都會看到年輕人披着滿頭大汗，金睛火眼埋頭苦幹努力尋寶，低價買入一些被棄置在角落的破布、衣服或配件，經過一雙巧手以及充滿創意的頭腦，化腐朽為神奇。雖然跟着潮流買最新時裝也大有人在，不過崇尚環保，循環再用舊有物資，創作時尚獨特品味衣服的年輕人數目也不少。

即使是名牌衣服、手袋、鞋子，都可以成為重新改裝的對象，或者大家都可能有印象，十幾年前熱愛日本裡原宿潮流的香港明星

陳冠希也曾經改裝過自己的球鞋，傳媒爭相報道。其實改裝衣服或者舊物不需要專門技術，亦不需要修讀任何藝術或設計課程，需要的只是耐心和創意。尤其當一件失去了價值的舊物早已被棄如敝屣，何不把心一橫讓它重新以另一種形式活過來？

日本是一個尊重人手製作的國家，手作往往是美麗與獨特的代名詞。重新製作出來的作品在拍賣網隨時比原價叫價更高，例如使用舊名牌衣服布料製作的化妝包、小飾物或 Blythe 娃娃穿着的衣服都有非常多擁躉，在網上經常掀起搶購的熱潮。就算是舊報紙都可以卷成條狀編織籃子裝飾家居，故若然要數國民之間把舊物環保再用變身藝術品，日本很有可能是世界上擁有最多環保再用實例的國家。

在日本期間，我到底做過甚麼化腐朽為神奇的壯舉呢？話說我曾經用舊裙子製作抱枕，試過利用多餘的窗簾布製作裙子，也試過用壞掉的手錶零件製作頸鏈和戒指等等。由於在日本時家裡沒有衣車，都是放學後一針一線用手縫製的，現在回頭看看也覺得自己毅力十足，精神可嘉！

把舊東西改裝時一旦需要其他配件又或者小道具，東京日暮里纖維街是一個很好的選擇。要是想要更精緻的道具又或者配件，Tokyo Hands 手作部門絕對是不二之選。所以把舊東西翻新除

了需要一股傻勁和創意，隨時還要付出比買一件新品更加多的
價錢。

即使是全新的衣服，日本人往往能把簡單平凡的單品改裝成
充滿個性的時裝，這是令人欣賞的。我曾經買過一本書，教導大
家改裝優衣庫 UNIQLO 單品，讓它們成為充滿個性時尚服飾。
我不喜歡專程買一件簡單的衣服來改裝，所以買了這本書之後一
直遲遲沒有動手。反而是不會再用的舊東西，我倒是興致勃勃為
它們注入新的生命。

眼看現在香港越來越多人也懂得把舊東西翻新改造，感覺是
一個好的轉變。現代人物質生活充足，東西得來輕易，丟棄也不
覺得可惜。與其檢討垃圾堆填區與焚化爐是否不足，不如讓舊物
重新再活一次吧。

可愛到地老天荒

　　如果要數世界上最多人認識的日語，除了壽司之外恐怕就是「可愛（かわいい）」這個形容詞。試試由池袋到新宿，再到原宿、最後到涉谷，把店舖通通走一遍再做小統計，「可愛」這個詞語可謂無處不在，想避都避不了。套用我那個在荷蘭成長的十三歲表姪女閃着星星眼睛說的話：「好喜歡日本，連甜甜圈都是貓貓和青蛙，好可愛！」

◀冬甩店吉祥物

　　日本的可愛由上至下、由內至外都可以加上蝴蝶結、蕾絲、玫瑰花、珍珠閃石等等可愛元素。走入日本少女內衣店 Peach John 或 Tutuanna，最好賣的永遠都是可愛設計。反之我們走到歐美國家例如 Victoria Secret 這些內衣名店，賣點是性感、簡潔、清雅。

　　除了身上穿的，日本連吃的都充滿可愛風。2011 年イクミ媽媽研發的動物甜甜圈有幾十種造型，黑白灰色小貓、小狗、小青蛙，看着都不捨得吃。

　　談到卡通人物的話，Hello Kitty 在可愛團隊中的王者地位相信毋庸置疑。剛剛過四十歲生日的她，連同其他 Sanrio 家族成員如 My Melody 等等不停和各品牌推出 Crossover 商品，早已賺得盤滿砵滿。

全球各地，只要是愛美的青春少艾，都會將涉谷地標 109 列入必到清單，該地堪稱東京的潮流朝聖地。2015 年 109 衝出日本來到香港海港城落腳，雖然是寒冷冬天，依然無阻香港少女、中女的熱情，我也在開幕當日努力「血拼」——珍珠白的蝴蝶結小手袋附送仿珍珠的吊飾，帶子上扣着粉紅色的同款迷你鑰匙包；深藍色的連衣裙是雪花圖案，裙擺是一圈溫軟的白色毛毛；還有綠色的格仔連身裙上印滿公主的皇冠與首飾，任誰看了都會大叫「かわいいね」。

▼學生精品店

　　除了 109 系的蕾絲閃石蝴蝶結、花花草草甜甜圈小裙子，我也很喜歡原宿的 Lolita Fashion，穿上美麗可愛裙子，戴上假睫毛，腳踏蝴蝶結高跟鞋，攬鏡自照，「這簡直是可愛到極點啊」，不禁會這樣沾沾自喜。近年原宿盛行 Lolita 變身體驗，平常清湯掛麵的女學生或端莊大方的辦公室女郎也可以一試終極可愛的 Lolita 了。

　　2011 年 YouTube 有一段短片節錄了日本電視台專訪，題目是「一生女子宣言」。節目訪問了數位三十歲以上的日本女性，她們雖然年過三十或者已為人母，依然對 Lolita 及各種粉色系蕾絲蝴蝶結的小裙子充滿熱情。

　　然而當我們都以為日本人都必定對「可愛」甘之如飴，其實只是一廂情願的幻想。日本曾經有非正式調查報告顯示，有些日本人不能接受三十歲以上女性穿粉紅色。網上消息傳出令香港一眾潮人譁然：好保守！

▶ 着 LOLITA 去 SANRIO PUROLAND

和動畫漫畫打入外國市場一樣，「可愛革命」早衝出日本本土，成為歐美國家少女同樣趨之若鶩的風潮。掃掃手機檢視一下社交媒體上的少女自拍照，裝可愛和裝成熟，你又喜歡哪一種？

▼秋田的車站便當都要可愛

春夏秋冬點着好?

問加拿大回港的朋友下雪時穿甚麼?答案永遠是牛仔褲、T恤加羽絨外套。再想想日本下雪時,穿迷你裙走在雪地上的少女與短褲小學生,真是我見猶憐。

冬天的時候,愛美的日本女生是無懼風雪,穿上短裙與長靴,再加一件大衣就可以上街。以前很疑惑為甚麼日本秋冬裝的裙子和上衣可以那麼單薄,直到在日本居住那段期間,我才明白原來係因為日本室內暖氣效力驚人,即是外面下雪,到你踏入室內竟然會溫暖得冒汗。所以只要有一件厚厚的大衣,愛美的日本女生無論春夏秋冬的衣服都可以是短袖。

日本女生穿着薄薄的雪紡裙子風姿綽約,不怕外面如刀風霜、如劍寒氣的襲人,要打扮

得漂亮除了靠室內暖氣，還要依靠其他幕後功臣。走入日本的藥房，冬天的法寶主要還是暖包，暖包有拿在手裡的、有貼在衣服的，還有包着腳掌穿入鞋子裡面的，五花八門、林林總總，令人目不暇給，總之不會讓你失望。可能因為香港還沒有日本那麼寒冷，所以十幾年前日本已經很流行的腳掌用暖包在香港似乎從來都沒有流行過。

我居住的東京，最冷的時候也不過是零下幾度至零下十度，只需在身上貼幾個暖包身體已經很暖和，只要不是長時間在零下十幾二十度的雪地走動是不會冷出病來的。用過的暖包也不好浪費，把用過的暖包放入長靴可以吸走不雅的異味，所以暖包在冬天是我家裡常備的生活用品。

鞋子方面，防水的靴子可以隔除地面的濕氣、防止冷冷的雨雪滲入鞋裡面。不一定要大家買上雪山穿的靴子，但一定要防滑的，否則很容易頻生意外。另外一樣可為頭部保暖的東西就是帽子（當然是要好看的！），不一定要毛冷編織的，絨布帽也非常保暖而且時尚。最後加上耳罩保護雙耳，好像只要耳朵溫暖，人也隨之安定下來。

據說日本的家長希望男孩子從小開始鍛練刻苦的性格，所以天氣冷也不會讓他們穿上長褲，人人都是短褲上陣，無一例外。

看着這些小不點努力忍耐寒冷，一步一步在雪地上走路上學，不由得肅然起敬。可是敬佩還敬佩，直到現在每次看到那些裸露兩條腿的日本小學生，心裡面還是覺得很可憐。

到了夏天情況就變得不一樣了。夏天的浴衣表面看上去清涼，其實一點也不輕鬆。大家幻想一下腰間綁着一大個蝴蝶結，再加上全身都包得密密實實，坐在草地看花火大會汗流浹背，不過由於大家情緒高漲，即使滿頭大汗，妝容糊掉卻依然興奮。有一年去京都天氣接近攝氏四十二度，穿着浴衣的我苦不堪言。可是看到照片拍出來超有古都風味，也就把辛苦都拋到九霄雲外。

三一一大地震之後幾個月我在東京坐地鐵，由於供電量不足當時地鐵基本上是沒有冷氣的。西裝筆挺的上班族一副堅定模樣，豆大的汗珠從額上滴到地上。悶熱車廂混和着一陣難聞的氣味，可是大家都非常安靜，不發一言默默忍耐這個熱鍋一般的環境。擠塞的車廂即使有冷氣都覺得非常炎熱，何況是沒有冷氣的夏天！難怪現在香港的男孩子買止汗產品都專崇日本品牌，大約就是因為日本男士特別有這個需要，所以才會有一系列的優質產品不斷推陳出新。

去年我為一個日本校服品牌做展覽會的兼職工作人員，有機會仔細留意這些校服女裝襯衣，才發現腋下位置都有一個專門吸

汗的軟墊。那麼即使炎夏擠在悶熱的車廂都不會發生腋下濕了一大片的尷尬事情，真是一個貼心又實際的設計。

　　冬天抵禦寒風、夏天力抗熱潮，日本人對忍耐天氣變化的毅力絕對是第一等。或者並不只在日本，但凡在寒冷地區生活過的人都會自動煉成禦寒的體質。只不過若然希望在耐熱禦寒之外，還想要顧全美觀得體的外表的話，向日本人學習是絕對不會錯的了。

奢華與褒美

各位對上一次在日本看到「贅沢（ぜいたく）」這個字是在日本甚麼地方呢？

「贅沢」在中文解作奢華，以往都用來形容高級餐廳與法國製的名貴手袋首飾。可是近幾年這個字經常出現在零食、咖啡或者奶茶包裝上。「一口奢華的感覺」、「濃厚奶味的奢華」類似這樣的宣傳廣告多不勝數，便利商店的飲品櫃裡滿滿都是奢華的奶茶咖啡，好不搶眼。

十幾二十年前去歐洲，若然碰到亞洲旅行團，一般都是日本旅行團。小小的隊伍安靜地列陣聽導遊細心講解，戴着闊邊帽子，穿戴着手襪，防曬工夫做足的日本女人三五成群在巴黎、米蘭、倫敦的名店裡購買名牌皮包皮

具。我二十年前去巴黎，名店店員看到亞洲人就會派操流行日語的店員鞠躬相迎，日本人曾經是歐洲奢華商品的首席客人。後來隨着日本經濟走下坡，歐洲看到日本旅行團的機會瞬間下降，名店主要客人亦被中國豪客取而代之。即使是在日本國內，本地人在奢侈品的消費力也大不如前。

我個人認為這些生活上隨時都可以輕鬆負擔的小奢華大行其道的原因，正正就是經濟不景的世道。去歐洲旅行、買車買名牌手袋對於今時今日以打工維生，但又沒有工作保障的日本年輕人來說是遙不可及的事，大學畢業後未能成功就職，以兼職維持生計的年輕人也不是少數。社會學用字 NEET 在日本頗為盛行，它代表的意思是「Not in Education, Employment or Training」。相比起父親一代一旦就職，就幾可等於一生至少衣食無憂，兼可以養妻活兒的年代，今時今日日本的年輕一代前路茫茫，想儲錢也不是易事，何況是負擔奢侈品？至於老一輩的日本人，面對着經濟不景，在儲錢與消費之間也偏向精打細算。

這些小小的奢華漸漸發展到旅遊地區，在遊客間亦廣受好評，以往要上萬日元的和牛料理變成了街頭小吃和牛串燒；還有一千日元有交易的金箔軟雪糕，從此不用鋪張破費，卻能簡單經濟地滿足人類小小的虛榮心。

　　但是即使手頭緊絀，花一百幾十日元買罐奢華咖啡的閒錢還是有的。這些罐裝咖啡標榜使用優質咖啡豆；奶茶則使用雙倍茶葉，就變成了繁忙工作後的慰藉。還有那些奢華的濃厚雙重芝士蛋糕，在味覺、視覺、感覺上都能撫慰工作過後拖着疲累身體回家的 OL。看看只要三個硬幣就能吃進口裡的蛋糕，竟然是奢華的雙重芝士啊，今天就放縱一下自己吧。

　　另一種大行其道的就是「ご褒美（ごほうび）」。「褒美」是獎品的意思，常見於甜品及女性雜誌介紹的中等價位小飾物及略為高價的小精品玩意。除了奢華的雙重芝士蛋糕外，工作得辛苦時花點錢讓自己開心是生活重要的支柱。有小型調查曾訪問了二百多位由二十代至三十代有工作的女性，有近 76％的女性有在工作辛勞時給自己送禮物的習慣。大約 38％的女性會花費一萬日元左右，31％會花費一至五萬日元，二十萬日元以上也有 11％！

　　她們給自己的褒美普遍是大吃一頓、喝名貴酒、去美容院、買名牌皮鞋之類，也有一些表示去吃一頓一千五百日元的午餐，或者一片好吃的蛋糕已經是一份小小的獎品，最貴的則數海外旅行。

穿上獎勵自己的褒美鞋子，再買一罐小小奢華的咖啡，抖擻精神挺起胸膛，明天繼續努力。雖然經濟大不如前，但生活總還有一點快樂與撫慰。這大約是不少現代日本年輕一代的寫照吧？

無料風俗案內所與色情行業

在新宿或日本其他大城市酒吧林立的地區，都會有「無料風俗案內所」，經常會發生不諳日語的旅客沒頭沒腦地撞入去，卻一臉愕然地走出來的情況。無料風俗案內所其實是夜店的資料發布區，和旅行人士找尋的觀光案內所可是風馬牛不相及的。曾聽過有女孩子結伴去東京旅行選擇新宿的酒店貪其方便，夜晚回酒店時被衣着與髮型浮誇的年青男子搭訕不知所措，不知大家有沒有這個經驗。

動畫《櫻蘭高校男公關部》很多香港朋友都看過，現實中日本社會的確存在男公關。很久以前有看過電視節目訪問新宿歌舞伎町最紅的男公關，再加上新宿橫街偶爾都可以找到招募男公關的廣告，本着好奇的心去探究後總算對這神秘行業情況略知一二。

據稱女性客人到夜店找尋心理上滿足和幸福感是首要，相比起滿足女性客人生理慾望，男公關的工作時間不少花在陪客人猜枚飲酒或聊天。某著名男公關更在節目中指出他的客人希望有男人願意聽自己說話，遠多於需要其他服務。

男公關的客源方面包括老闆的情婦、貴婦、甚至大家都猜不到的 OL 和富家小姐，這些人都想找人陪伴。工資方面 2010 年的參考資料指出日薪一萬日元再加上各種指名費小費及賞金，要是成為夜場紅人的話每月千萬日元不是說笑，上電視台那位男公關曾是日薪過億日元，好誇張！

曾經在香港紅過幾年的日本雜誌《小惡魔 ageha》，以華麗的髮型和化妝吸引過一批喜愛日本潮流的年青女性，連中國大陸也不乏讀者。這本時尚雜誌介紹的是夜店女郎——夜之蝶的華麗變身：高聳散亂的金髮、黑色粗眼線和彩色隱形眼鏡、展示美好身段的性感晚裝裙子、二十公分的閃鑽高跟鞋、迷你的名牌手袋及咭片包等等是每一期雜誌的主要內容。

我是一個除了圖片也看文字的讀者，仔細閱讀內文過後總算讀到她們的一些心聲。這些每天在聲色犬馬中、賺着比一般女孩，談到引退後的生活時，在她們當中最受歡迎的人生目標，原來和很多女孩子一樣，不過是成為主婦、嫁一個好男人、安安寧寧地

相夫教子。女孩子的青春就只有短短十幾年，她們由十幾歲到三十歲前拼命工作賺錢，最終還是希望回歸平淡……

另外，我曾經誤打誤撞在京都走入一家叫信長書店的店舖，發現全幢都是賣色情書籍、影碟及雜誌！有關日本色情行業中最為香港人熟悉又不好意思開口列舉的必數成人電影——AV。

日本色情電影的起源來自粉紅色電影，又稱桃色電影。在全世界以粉紅色代表色情就只有日本一個國家，香港叫黃色電影。在這裡給各位補補冷知識：日本第一套色情電影是 1962 年二月二十七日上映的《肉體市場》，這電影首次有露出女性乳房的鏡頭，具有劃時代的意義。現在全中國最多人認識的 AV 女優是蒼井空，日本 AV 界史上第一位顛倒眾生的 AV 女郎是六十至七十年代紅極一時的香取環小姐。後來八十年代紅透半邊天的 AV 女優還有三位，分別是：渡邊護、高橋明和中村幻兒。現代 AV 女星多如恒河星數，不知可以史上留名的又會是誰？

全國各大都市的無料風俗案內所、一整幢的信長書店，這些都讓我覺得日本在堅守傳統文化之間也有其開放得讓人張口結舌的一面。初初看到色情事業如此發達的日本覺得很驚奇，可是習慣了之後又見怪不怪、習以為常了。

我怎看東京大學二十四歲OL過勞死

早前有位網友問我:「東京大學有個二十四歲女生因為工作太辛苦自殺,你怎麼看?」我回應:「如果你作為香港人讀新聞,她十分可憐。但如果從日本新聞角度視之,只是一件非常普通的事。」

「過勞死」這個詞語於學習日語的書本裡面並不罕見,尤其當學到日本社會、日本文化相關題目之時。工作過勞死亡並非一件令人會目瞪口呆的事——因為連字典和教科書都收錄這個名詞了!

話題回到那個不幸的廿四歲女孩子。她除了受到上司的欺凌之外,還承受了每天只睡兩三個小時的無盡工作壓力。如果不是因為年

紀輕輕只有廿四歲，東京大學畢業出身還有
外表娟好這些因素，或者還未必能夠上國際
新聞呢？

同樣是名牌大學畢業，我有位認識了
多年的朋友，他是慶應大學畢業，當年曾在
香港中文大學做交換生，早幾天看見他在
Facebook 說要去外國出差。首先去倫敦，
然後去哥本哈根，最後在法蘭克福離開，一
個星期不到的歐洲行程要開十七個會議，夜
晚接近通宵工作也只能完成 5% 左右。他笑
說這叫做長期作戰，社畜就是這樣的生活啊。

工作過勞死不一定是在公司裡面突然間
暴斃。各種各樣的問題，例如導致神經衰弱、
各種身體毛病，大都是因為工作過量引發。
讀日本語的時候看到「過労死（かろうし）」
就會覺得雖然香港人也有工作過度的問題，
可是如果再配上日本普遍民族性裡面對工作
認真和專注的態度，把自己的身體拖垮了然
後導致死亡真不是罕有的事情。

這個廿四歲女生的死亡，畢竟慢慢就會被世人淡忘，但引申下去的，是現在有些日本年輕人都找不到全職工作，而且成為社會問題。2016 年芥川獎得主村田さやか小姐寫了一本《便利店人間》的小說，內容是一個在便利店打工二十年的年輕人故事。現實中的村田小姐也在便利店工作多年，雖然她最後寫出了小說一鳴驚人，可是日本國內有幾多個村田呢？

　　找到工作、背負着名校畢業的學生就更加不敢怠慢，必須全力工作。可是當聽到「即使你加班二十小時也對公司沒有甚麼幫助」這種說話，還真是令人氣餒。各種在日本黑暗面深刻的社會問題，到現在還沒有解決。

Kiri 的東瀛文化觀察手帳

作者：Kiri
編輯：清君
設計：marimarichiu
出版經理：Jeremy Tse

出版：星夜出版有限公司
網址：www.starrynight.com.hk
電郵：info@starrynight.com.hk

香港發行：春華發行代理有限公司
地址：香港九龍觀塘海濱道 171 號申新證券大廈 8 樓
電話：2775 0388
傳真：2690 3898
電郵：admin@springsino.com.hk

台灣發行：永盈出版行銷有限公司
地址：231 新北市新店區中正路 499 號 4 樓
電話：(02)2218-0701
傳真：(02)2218-0704

印刷：嘉昱有限公司

圖書分類：日本旅遊及文化、流行讀物
出版日期：2017 年 3 月初版
ISBN：978-988-14895-9-3
定價：港幣 98 元／新台幣 430 元

本書內容於 2017 年 2 月或之前搜集。出版社已盡力確保資料準確，惟所有資料只供參考，一切以日本當地實情及最新資料為準，敬請留意。